U0516789

本书为2023年度高校思想政治工作研究一般课题"影像史学在思政课教学中的应用研究"项目成果

本书受中国传媒大学重点马院建设经费资助

张露璐　王宇英◎著

影像史学的教学应用

YINGXIANGSHIXUE DE
JIAOXUE YINGYONG

知识产权出版社
全国百佳图书出版单位
—北京—

图书在版编目（CIP）数据

影像史学的教学应用／张露璐，王宇英著．--北京：

知识产权出版社，2024.9. -- ISBN 978 - 7 - 5130 - 9450 - 4

Ⅰ. K0 - 4

中国国家版本馆 CIP 数据核字第 2024ZQ0294 号

责任编辑：李学军　　　　　　　　责任校对：潘凤越

封面设计：刘　伟　　　　　　　　责任印制：孙婷婷

影像史学的教学应用

张露璐　王宇英　著

出版发行：知识产权出版社有限责任公司		网　　址：http://www.ipph.cn	
社　　址：北京市海淀区气象路 50 号院		邮　　编：100081	
责编电话：010 - 82000860 转 8559		责任邮箱：752606025@qq.com	
发行电话：010 - 82000860 转 8101/8102		发行传真：010 - 82000893/82005070/82000270	
印　　刷：北京建宏印刷有限公司		经　　销：新华书店、各大网上书店及相关专业书店	
开　　本：880mm×1230mm　1/32		印　　张：6.25	
版　　次：2024 年 9 月第 1 版		印　　次：2024 年 9 月第 1 次印刷	
字　　数：152 千字		定　　价：88.00 元	

ISBN 978 - 7 - 5130 - 9450 - 4

目录
/
Contents

导言————

　　本书立足于"中国近现代史纲要"课程第一章至第七章的教学内容,《中国近现代史纲要》(2023 年版)将中国近现代史的主流和本质定位为"中国人民为救亡图存和实现中华民族伟大复兴而英勇奋斗、艰辛探索并不断取得伟大成就的历史",在具体教学过程中,为引导学生更深刻地领会这一认识,结合学生认知特点及时代特色的教学手段必不可少,将影像史学引入课程教学势在必行。

　　影像史学(historiophoty)是一个交叉领域,也被译作"影视史学",最早由美国历史学家海登·怀特于 1988 年提出,是以影像来记录、叙述历史,并表达见解的一种手段。在引入中国的那段时期,影像史学的研究对象以纪录片、新闻片、专题片、影视剧、纪实摄影、新闻摄影为主,也涉及照片、图像等静态资料。影像史学起步于西方,法国历史学家马克·费罗撰写的《电影和历史》一书早在 1977 年就已经涉及方法论与知识论的探究,同为法国人的德拉热与吉格诺合著的《历史学家与电影》一书探讨了如何在教室中使用新闻纪录片和如何评价使用电影胶片作为历史证据的方法。1994 年,著名的英国马克思主义史学家拉斐尔·萨缪尔强调了影视对于历史知识传播的重要性,他断定,历史实际上是一种"社会知识形式",为了便于民众认知历史,学者们必须寻找大众的、另类的建构、传播、延续历史知识的方法。在相关著述不断涌现的同时,许多相应的组织机构也成立起来:不少关于电影与历史研究的学会相继成立,一些大学也组建了关于电影与历史的研究中心。

具体到中国,21 世纪之前,史学界与影视界的相关合作还处于相对零散、随意的状态。直到 2000 年元旦,中国近现代史专家杨天石在中央电视台举行的大型纪录片《百年中国》开播座谈会上呼吁建立中国的"影像历史学",① 正式拉开了历史专业学者与影视工作者共同合作建构新兴学科的序幕。2005 年,中央电视台纪录片部主任编辑肖同庆出版了《影像史记》一书,结合多年业内实践,深入探讨了影像史学的价值与意义。2007 年,中国传媒大学博士生谢勤亮完成了以《影像与历史——年鉴学派视野下的中国纪录片》为题的博士论文,并于 2011 年出版。北京师范大学成立了"历史影像实验室"(现为"影像史学研究中心"),并于 2013 年设置了"影像史学"硕士研究生招生方向。与此同时,一批相关学术研究成果纷纷涌现,在中国知网上以"影像史学"为主题进行检索,可以得到多个高度相关检索结果。在影视界,历史题材作品更是层出不穷,黑色幽默、文化功能、现象级电影、后现代主义语境、表现主义、营销策略、音乐创作、接受张力、消费文化语境下的文学电影改编、喜剧阐述、文化反思、女性形象、英雄主义、叙事模式等的影像表达、梦的缺席以及伪狂欢的继续等各类概念也早已进入公共视野,为大众所津津乐道。

---

① 王镇富:《触摸历史诠释历史———影像史学在历史记录中的"意义阐述"》,载《长白学刊》2009 年第 1 期。

可见，影像史学对于社会生活及精神生活的介入和影响已经成为非常鲜明的时代特征。"中国近现代史纲要"课程承担着思想政治教育的重要功能，若要达到令学生"真心喜爱、终身受益"的教学目标，必须要对当下的时代精神有所呼应。鉴于此，我们在中国传媒大学部分"中国近现代史纲要"课堂进行了以影像史学为重要手段的教学实践，尝试系统探索其在课程中的应用问题。

为更为直观、准确地把握影像史学应用于"中国近现代史纲要"教学的必要性与可行性，我们在中国传媒大学进行了相关调查，并设置了课程初始点和课程结束点两组加以对照。根据调查数据，可分析出学生对课程的基本认知以及达成教学目的需要解决的问题。

其一，学生对"中国近现代史纲要"课程的认识与本课程的定位有落差。

教材开篇即明示了"中国近现代史纲要"课程的五个具体要求：一要了解外国资本—帝国主义同中国封建势力给中国人民和中华民族带来的深重苦难，了解近代以来中国人民为争取民族独立、人民解放和实现国家富强、人民幸福接续奋斗的历史，懂得新民主主义革命取代旧民主主义革命、人民共和国取代资产阶级共和国的历史必然性，懂得中国共产党领导中国人民走上社会主义道路的历史必然性，深刻理解没有中国共产党就没有新中国、只有社会主义才能救中国的道理；二要了解近代以来中国先进分子和人民群众为救亡图存而进行艰辛探索、顽强奋斗的历程及其经验教训，认识历史和人民怎样选择了马克思主义、选择了中国共产党、选择了社会主义道路、选择了改革开放，懂得红色政权来之不易、新中国来之不易、中国特色社会主义来之不易、今天的幸福生活来之不易；三要了解开创和发展中国特色社会主义的伟大进程和重大意义，了解新时代中国特色社会主义的伟大成就和重大意义，坚定只有中国特色社会主义才能发展中国、只有坚持和发展中国特色社会主义才能实现中华民族伟大复兴的信念，增强中国特色社会主义的道路自信、理论自信、制度自信、文化自信；四要了解马克思主义中国化的历史进程，深刻认识坚持毛泽东思想、邓小平理论、"三个代表"重要思想、科学发展观的重大意义，深刻认识全面贯彻习近平新时代中国特色社会主义思想的重大意义，自觉用中国共产党的创新理论武装头脑；五要树牢唯物史观，提高运用科学的历史观方法论分析问题和解决问题的能力，明确中国近现代历史的主题主线、主流本质，警惕和反对历史虚无主义。[①] 但调查显示，41.49% 的学生认为本课程是必修课，必须修到学分；在课程性质上，48.94% 的学生认为本课程是历史课，是为了教授中国近现代历史知识。部分学生对教材体系的政治性不能理解，反而对所谓"不为人知"或"鲜为人知"的轶事抱有好奇。这就需要在从教材体系向教学体系转化的过程中，使政治理论教育寓于更为形象、更具吸引力的形式之中。

其二，学生对中国近现代史兴趣有限。

调查显示，45.07% 的学生表示对中国近现代史感兴趣的程度一般，有 50.70% 的学生表示不太感兴趣或不感兴趣。其原因很大程度上在于学生对单一的历史解读的不满足。在课程之初，有 61.43% 的学生认为刚拿到手不久的教材"比较枯燥"，仅有 28.57% 的学生认为教材"比较准确、规范""概括、精练"。《中国近现代史纲要》教材出版后，学界充分肯定了其价值和意义，但对于学生来说，更希望这门课程"不要太枯燥"，希望在课程中

---

① 《中国近现代史纲要》（2023 年版）编写组编：《中国近现代史纲要》（2023 年版），高等教育出版社 2023 年版，第 11 - 12 页。

"拓展一些书本之外的内容"，希望教师能够"用多种方式授课"。换言之，学生在期末复习考试时会比较看重教材，但在课程学习过程中希望教师能够在内容和形式两方面突破教材现有的特点，这也成为运用影像史学的起点。

其三，初高中历史教学强调知识记忆，忽视分析能力的培养。

在调查中，有58.57%的调查对象认为"不太了解，知道一些事件和人物的名字"，其中能够写出的阅读过的关于中国近现代史的书籍最多的就是教科书。这些数据在一定程度上表明，学生的历史基础基本来源于中学教学，考试形式迫使他们重视历史知识的记忆，而对于历史事件、历史人物、政治事件的评价往往已经由教师给定标准答案。虽然多数学生表示需要多样的形式、丰富的内容，但同时又缺乏在把握大量历史史料的基础上进行深入分析、进行合理评价的能力。这就为影像史学在教学中的应用提出了要求，即展现丰富性，同时需要引导性。

正是基于上述受众特征，我们尝试在教学过程中从趣味性与导向性两个方面入手应用与教材体系和教学体系相适应的纪录片、电影资料与其他视频资料，以期在丰富教学形式、增强课程趣味性的同时，还能够以形象的、微观的、多角度的方式为学生展现近代中国历史的丰富性和复杂性，在此基础上引导学生分析、评判，实现课程教学目的、实现教学要求。

当代中国影像史学作为一个学科还不够成熟。众所周知，即便是历史类影视作品的制片人，也更倾向于从观众的兴趣以及收视率出发。更有学者坦言，"无论制片人如何严肃和诚实、如何忠实于主体，最后呈现在银幕上的历史都不会让历史学家满意。当历史学家对于历史的理解从书面语言转换为图像时，总会有些什

么东西变化了"。① 可见，作为有志于通过影像教学手段提升思想
政治理论课教学水准与效果的高校教师，我们首先要接受当代影
像史学复杂多样的面貌和特征，意识到要探寻到真正有价值的影
像史料是一个难题。对于散见于各类影视学、史学作品中的相关
资料，都要本着学术性与准确性的原则认真地遴选、规范地
运用。

　　近代以来，随着照相、摄影技术的兴起与成熟，以影像为载
体记录事件及人物的做法越来越普遍。具体到近现代中国，后人
利用当年历史现场留下的一手影像资料，结合文字史料、口述史
料、实物史料及各类研究成果，拍摄了众多纪录片及电影等视频
资料。以上海市海南中学历史教师叶永广为例，他多年来收集各
类影视作品 19532 集，到 2005 年前后，收集到的作品总片长
403336 分钟，总容量达 6600G，建成了当时全国最大的学校教育
影视库。叶老师还出版发行了与教材配套的历史学科影视资料包，
并结合教学经验出版了一系列著作，如《历史教学影视信息指南》
（学林出版社 2005 年版）和《历史·影视·教育》（学林出版社
2004 年版），同时还创建了网上影视资料信息数据库。当然，叶老
师的相关建设是与中学历史教学相配套的，这与"中国近现代史
纲要"课程有本质区别。因此，我们并没有照搬前人经验，而是
从自身教学实践出发，努力探索更符合高等教育及思想政治理论
课特点的影像教学体系。

　　综观可以用于"中国近现代史纲要"课程教学的现有影像资

---

① Rosenstone R A. History in Images/History in Words: Reflections on the Possibility of Really Putting History onto Film. *The American Historical Review*, 1988, 93 (5): 1173 – 1185. 转引自李友东、王静：《影像史学与历史教学》，载《历史教学》2008 年第 15 期，第 25 页。

源，最为常用的是《中国史话》《世纪中国》《百年中国》《复兴之路》《大国崛起》等系列作品。如果从制作方角度来看，凤凰卫视的"凤凰大视野"推出了不少以中国近现代历史为选题的优秀作品：有以人物为中心的，如梁启超、孙中山、陈独秀、刘志丹等人的专题纪录片；也有以机构为中心的，如招商局、伪满洲国等；最为常见的是以事件为中心的，如1921年中国共产党的成立，1934年中央红军在长征途中的湘江之战，1938年花园口惨案，1942年河南大饥荒，抗日战争，淮海战役等。中央电视台也制作了不少相关作品，如《国殇：圆明园被焚150年祭》《晚清风云人物》《1911再读辛亥》《黄埔军校》《勿忘九·一八》《西南联大八年记》《颐和园》《忠诚》等。崔永元口述历史团队近些年也利用抢救到的宝贵口述史料，相继推出了《电影传奇》《我的抗战》等作品。

还有一些研究机构和地方电视台也发挥自身优势，制作了不少内容翔实、考证精当的影视作品，非常有借鉴意义。如中共北京市委党史研究室联合北京电视台为纪念北平和平解放60周年共同打造的《北京1949》，上海电视台纪实频道的《军统江山帮的覆灭》等纪录片。这些作品都致力于揭示历史真相，且与课程内容契合度较高，可以有选择地加以使用。在课程第一节课的初始调查中，学生最有兴趣的视频资料是影视剧片段（48.48%），其次是纪录片（34.85%），最后是访谈和口述（16.76%）。经过一个学期，在最后一节课的调查中，学生认为印象最深的是纪录片（60.00%），其次才是影视剧片段（34.29%），由此可见，制作精良、忠于史实的纪录片能够很好地与课堂讲授相结合。

除纪录片外，一些电影及电视剧作品也可适当用于"中国近现代史纲要"课程教学。如《鸦片战争》《十月围城》《辛亥革命》《建党伟业》《觉醒年代》《1942》《让子弹飞》《建国大业》等。这类影视作品存在明显的艺术夸张，不能直接用来铺陈历史事实，但其中蕴含一些深刻的历史命题和人性拷问，适合进行提炼、总结与升华，若能应用得当，非常有助于教学目标的达成。特别是其中的一些红色经典系列，有学者认为它们"对理想信念教育、爱国主义教育、德育均有影响作用"。①

如前文所述，将影视史学引入"中国近现代史纲要"课程教学能够激发学生的学习兴趣，而且可以用于教学的影像资源是极其丰富的，但这并不意味着教师就可以完全将课堂影像化。我们始终牢记的一点是，借用影像史学不仅是为提升学生兴趣，更重要的在于通过课前设计和课中引导，为与学生共同深入分析问题提供良好的契机。因此，影像史学的引入，始终要以调动学生持续思考、探讨问题的需求为目的，这是影像资料能否进入课堂教学的一条重要取舍标准。也就是说，带有拓展性的、有利于后续互动探讨的影像资源才应该是被课堂教学使用的。而且，在应用过程中，影像的时间长度是应该被严格控制的，并且必须与课堂讲授、讨论等其他教学手段配套使用。

具体来说，影像史学在教学应用中的地位体现于以下几个方面。

其一，以直观、生动的感染力唤起学生的注意，激发其进行深入思考。如在课程第一章"反对外国侵略的斗争"中，我们应用了央视纪录片《1911 再读辛亥》中所收录的珍藏于美国国会图书馆的国人最早的活动影像。黑白镜头中晚清中国贫穷破败，国人衣衫褴褛、神情麻木，大群的乞丐和孩子一次又一次哄抢着欧

---

① 杨芷郁：《影视史学的社会功用：红色经典电影与大学生思想教育关系刍议》，载《电影评介》2012 年第 23 期。

洲妇女抛出的钱币。当这些活动影像映入学生眼帘的时候，课堂气氛为之凝固。教师在此时停止影像播放，提出问题，引导学生思考作为历史文化从未间断、长久以来引领东方文明的国度，经济总量、军事力量也都曾经领先于世界，在近代何以沦落为病夫与弱者的面貌，学生反响强烈，踊跃参与讨论。

其二，以细致的历史细节支撑宏观的历史判断，帮助学生养成根据史实推断结论的意识。如在第二章"对国家出路的早期探索"中讲授到戊戌变法部分时，通过播放《回望梁启超》中梁启超因广东口音太重无法与光绪交谈这一细节，引导学生思考为何戊戌维新运动最终以"六君子饮刀菜市口、梁启超断发走扶桑"的悲剧结果收尾的问题，学生普遍对于复杂国情之下书生的意气用事、孤芳自赏等有较为明确的认识，从而对于维新派难以成功的理论分析有了感性认识。

其三，以人物命运的起承转合为历史线索，探究其背后的重大时代选择问题。如在第四章"开天辟地的大事变"中讲授到中国共产党成立史时，播放《中共1921》中13位中共一大代表日后各异的人生选择。引导学生思考中国共产党何以日后在毛泽东的领导下，由弱转强，成立了新中国。学生由此对于中国共产党如何完成马克思主义中国化这一问题产生了梳理的兴趣。

其四，以触碰心灵的历史事件为引线，思考自身的角色意义与时代价值。如在讲授第六章"中华民族的抗日战争"时，我们播放了崔永元《我的抗战》中"金陵永生"的部分内容，其中金陵女子学院美籍校长在南京大屠杀前后所展示出来的人道主义精神，使许多学生表示自身的精神世界因之受到净化，真真切切地从历史中感受到人格升华的力量。

人民大学相关调查显示：高达 98.4% 的受访学生支持影像教学方式，其中 54.9% 的调查对象认为的"形式直观鲜活"是居于首位的优势，其次为"再现历史细节"（24.9%）、"视角观点新颖"（11.3%）。① 这个调查结果反映了影像教学方式功能多样的特点。因此，在将影像史学引入"中国近现代史纲要"教学实践的过程中，我们一直致力于尽可能地丰富目标达成的层次，注意保持内容的前沿性，随着教学进度的推进，体现出能力、素质要求的渐次提升，注重保持影像教学方法的感染力和互动性。很多同学表示：通过观看作品了解到的历史、人物，结合自己在书本上学到的相关知识能加深自己的感性认知，完善丰富自己的历史观，同时学习多角度地看待历史、思考历史，深深体会到新中国的来之不易，倍加珍惜当下生活。

在此基础上，我们还鼓励学生围绕课程内容进行视频制作。选题一般为两种方式，一种是在某些特定年份围绕特定选题展开，比如抗日战争胜利 75 周年、新中国成立 70 周年、建党百年等，另一种是学生先自选，经与教师讨论后最终确定。选题确定后，教师要指导学生进行视频素材收集，需要进行访谈的还要确定访谈人选及内容，敲定拍摄大纲和视频风格、制作背景音乐及旁白。在调查中，不少学生表示，他们对于近现代史题材的相关视频作品的制作流程有了比较完整的了解，对于历史问题的思考和讨论有了要更为全面地加以展开的意识，也积累了不少视频拍摄、剪辑的经验。但挑战仍然存在，比如缺乏专业录音设备、收音效果不佳，画面构图把握不好，特效字幕不会制作，内容编排和节奏

---

① 耿化敏：《历史影像与"中国近现代史纲要"教学的探索》，载《教学与研究》2011 年第 1 期。

的掌握、转场问题处理不好，视屏剪辑等仍不熟练，在资料繁多、难辨真假的情况下对资料整合、取舍等存在困难，整体进度和叙事基调难以统一，等等。面对这些挑战，我们在加强自身基本功的基础上也积极发挥所在学校优势，积极帮助联络专业院所教师对学生给予适当的指导和帮助。

第一章　电影写史的可见与不可见————

教学目标

本章影像表达重点讲述鸦片战争前后的中国与世界、西方列强对中国的侵略、反抗外国武装侵略的斗争及反侵略战争的失败与民族意识的觉醒，具体包括中国近代史的开端、进程，世界历史背景与中国人民反抗历程、失败原因等内容。因为涉及众多历史事件，相关影像作品比较丰富。但值得注意的是，在教学过程中，应特别处理好艺术与历史、史实与史观、作品创作与时代背景等问题的讨论，既要借助相关影视作品提升教学效果，又要引导学生初步认识影像史学的一些基本问题。

作品分析

鸦片战争是中国近代史的起点，作为教学环节中首次应用影像史学的重要内容，我们会以3部作品为例引导学生思考电影与历史的关系。这3部作品分别是《林则徐》（1959）、《鸦片战争》（1997）、《血战虎门》（2021），它们虽然都以鸦片战争为题材，但受摄制者、摄制年代等多种因素影响，在作品立意、人物刻画、情节设计等方面多有不同。对这些差异的分析与比较对认识历史题材影视作品的拍摄与制作非常有价值。

　　《林则徐》由郑君里、岑范联合导演，在 1959 年作为国庆十周年献礼片公开放映。影片开场的画外音在交代鸦片战争的历史地位时即指出中国人民反帝反封建的斗争由之开始，此后在几个重要场景中，人民力量随着故事情节的发展得到了戏剧化展示。影片开始时出场的人物既包括对鸦片万般仇视的渔户麦宽夫妇，也有鸦片沉迷者、受害者，此时能够感觉到人民受鸦片影响、毒害至深，但痛恨者无力反抗，受害者难以自拔，人民力量处在被压制的阶段。随着林则徐禁烟措施的展开，反对鸦片的麦宽夫妇再次登场，为了能够阻止大鸦片贩子颠地逃离商馆，麦宽被打，颠地在鸦片贸易的支持者韩肇庆（时任广东水师总兵）等反派官员的掩护下登船即将逃离，但麦宽嫂的父亲——在渔民中极具影响力的邝东山表示"五湖四海都有我们的人"，抓住颠地不是问题，后来果然将颠地交到林则徐处，使林则徐在与义律（时任英国驻华商务监督）及豫堃（时任粤海关总监督）等人的斗争中掌握了主动权，这是影片中人民力量的第一次充分展示。但此时以邝东山为代表的人民对林则徐仍不够信任，直到此后林则徐在禁烟过程中积极整治广东官场，才赢得了人民的充分信任，到了加强海防、整修炮台之时，人民密切配合林则徐，充分展示了在禁烟与抵抗西方列强过程中开明官僚与民众力量结合之后的积极效果。影片还设计了义律带领的英国军舰因邝东山、麦宽用计而触礁的情节，展示了人民的勇敢与智慧。令人印象深刻的是，当主人公林则徐被道光皇帝下旨革职失势后，人民却焕发出更强的力量，电影安排了三元里抗英的情节，表明了人民反抗的正义力量在开明官僚缺失的时候更为强大，体现了影片鲜明的人民史观。可以说，影片虽名为《林则徐》，但人民也是一种绝对力量与正义的代表。

影片所呈现的这种特点是有时代原因的，作为国庆献礼片，《林则徐》体现的是国家意志之下的集体记忆。能够看到的是，导演郑君里在拍摄前积极了解、收集相关史事，他细读中国史学会主编的《鸦片战争》一书中的《林文忠公事略》《林文忠公传》《英军在华作战记附录》《陕西巡抚邓公墓志铭》以及林则徐在广州禁烟期间的重要帮手——邓廷桢的其他相关历史书写，找到了1836 年时一个名叫喜乐的英国医生见过林则徐后写下的生动笔记，还有林则徐写给郑夫人的家书，又找到一些人物肖像、历史插图的木刻画。① 这些资料以新中国成立后的史学研究成果为主，兼及一些得以留存到 20 世纪 50 年代末的文献史料，既包含着当年历史现场的信息，又有建基于这些信息之上的历史学者的书写。

不能否认的是，对于历史问题的呈现与书写同时也是由书写者所处时代的现实条件和需要所决定的。历史写作如此，以历史为题材的电影更是如此。据回忆，在影片的拍摄过程中，周恩来总理多次进行过直接指示，制片人徐桑楚回忆道："1958 年初，剧本大体完成的时候，周总理听说了，很有兴趣，把剧本要去看了

---

① 杨庆华：《故事片〈林则徐〉拍摄前后》，载《传记文学》2019 年第 2 期。

一下。有一天，我忽然接到总理托人寄来的一大包材料，说是总理在广东视察的时候，发现了一批三元里起义的历史材料。原剧情以林则徐被发配新疆结束，总理觉得太低沉了，建议我们修改。他说：林则徐并不是孤立的，全国的百姓都是他的后台。他虽被革职，但三元里人民的暴动就是对他的支持。你们能不能征求作者的意见，给这个剧本加个尾巴？"① 到了 1958 年夏天，周恩来总理又从北京托有关领导送来一件史料，是由清代诗人张维屏著《松心诗集》中的一首《三元里》，印在单页诗笺上，这首诗记叙并赞颂了广州三元里人民抗英斗争，周恩来总理嘱咐"要好好地研究，要写好广州人民奋起抗英这一条线"，导演郑君里感动万分。②

在感动的同时，剧组全体人员认真贯彻落实总理指示，编剧叶元在介绍《林则徐》的主题、结构和人物时指出，环绕鸦片战争的矛盾冲突主要为如下七种力量之间的矛盾：中国人民与外国侵略者的矛盾、统治阶级内部的矛盾（禁烟派与投降派之矛盾）、中国封建统治者（以清帝为代表）与外国侵略者的矛盾、人民与封建统治者的矛盾、人民与封建统治阶级中开明人物（以林则徐为代表）的矛盾、满汉之间的矛盾、外国侵略者之间的矛盾（包括英美之间、鸦片贩子与一般商人之间的矛盾）。③ 在这七种力量中，人民的力量无疑是至高无上且起决定性作用的，电影在三元里抗英胜利的情节中结束，且伴随着"中国人民反帝反封建的斗争从这一天开始了"的画外音，清晰地展示出人民的历史主体性

---

① 杨庆华：《故事片〈林则徐〉拍摄前后》，载《传记文学》2019 年第 2 期。
② 陈播：《电影艺术经典之作——〈林则徐〉在郑君里电影艺术研讨会上的发言》，载《当代电影》1990 年第 4 期。
③ 叶元：《关于〈林则徐〉的主题、结构和人物》，载《林则徐——从剧本到影片》，中国电影出版社 1979 年版，第 207 页。

地位，与中华人民共和国第一个十年所高扬的革命史观相互呼应。

当历史的脚步跨入新中国成立后的第五个十年时，国家面貌已经焕然一新，改革开放使经济得到了跨越式发展，外交领域也取得了很多重大进展，因鸦片战争失败而被割让给英国的香港即将于1997年回归祖国，童年曾经在香港有过生活经历的年逾七旬的老电影人谢晋下定决心为庆祝这一历史时刻拍摄一部大制作电影。和《林则徐》的导演一样，《鸦片战争》的导演谢晋也进行了非常充分的历史学习，他不仅阅读相关资料，还于1995年年初邀请了北京、上海、南京、山西等地著名历史学家、文艺理论家、作家、经济学家和企业家20余人，在上海举行了为期三天的"鸦片战争研讨会"。与此同时，为了能够拿出好的剧本，谢晋请到了著名作家、编剧家朱苏进、麦天枢、倪震、宗福先联袂担纲编剧，后经过11次修改才最终定稿。① 可见，《鸦片战争》在摄制过程中吸收了当时史学界最新研究成果，更汇集了当时电影界最高水准的制作力量，因此，这部电影对于认识20世纪末中国社会主流的历史观有标本作用，在这个基础上，如果把《林则徐》与《鸦片战争》进行比较，更能发现几十年间中国社会历史观的变化。

一方面，《鸦片战争》比《林则徐》在细节的真实再现和人物复杂性的书写方面有了非常明显的进步。演员根据历史人物的画像来选取，相似度更高，人物刻画也尽可能呈现原貌。比如，邓廷桢的形象复杂起来，《鸦片战争》专门刻画了邓廷桢收受过行商贿赂的情节，林则徐与邓廷桢的关系也不再像电影《林则徐》中那样一拍即合，彼此引为挚友，而是在林则徐以大局为重，当面销毁邓廷桢收受贿赂的证据后才有了勠力同心、共同禁烟的后

———————————

① 林景星、胡晓秋：《〈鸦片战争〉幕后戏——访著名导演谢晋》，载《沪港经济》1997年第3期。

续。在《林则徐》中作为腐败官员典型代表的皇亲国戚、粤海关总监督豫堃并未在《鸦片战争》中出现，琦善的形象也有重大变化，不再为关天培之死承担"不发救兵、见死不救"的责任，也不再是沉迷于洋人赠送的钟表美物、苟且卖国的汉奸，而成了畏于英国船坚炮利而妥协的主和派，也就是说，琦善与林则徐的差异不是爱国与否，而是主战还是主和。道光皇帝的形象也不再流于单纯的昏庸反动，而是性格多变、昧于时事、剿抚不定。相比于《林则徐》，《鸦片战争》中多了很多人物，英国方面的大鸦片贩子颠地的女儿玛丽、英商馆中反对鸦片的劳顿教士、英国维多利亚女王乃至其夫阿尔伯特、英国首相梅尔本、外相巴麦尊，还有反对发动战争的议员亚历山大，这些人物都有专门的镜头与情节。中国方面虚构了一些人物，如参与鸦片贸易的十三行行商何敬容，还有因懂英语而先后为林则徐与琦善所用的何敬荣之子何善之以及盲人乐师及其孙女蓉儿。这些新塑造的人物丰富了历史书写的面向，展现了历史的复杂性，说明在从 1959 年到 1997 年将近 40 年的发展历程中，中国社会对于鸦片战争的认识有所提升。

　　与此同时，细观《鸦片战争》，还会发现基于同一历史问题所创作的电影作品表达了不同的历史观，两种历史观不构成前后承递的发展关系，而是有质的差异，突出表现在人民力量退场这一点上。如前述《林则徐》中所展示的，人民主要是指以劳动群众为主体的社会成员，人民力量主要体现在成员主动形成合力后改变历史进程的过程中。虽然《鸦片战争》也展示了民众集体出现的场面，比如修建炮台的工地中、销毁鸦片的水池旁，但与《林则徐》中人民积极配合林则徐主动贡献力量不同，《鸦片战争》中的民众只是劳力，甚至当蓉儿因要刺杀义律而被公开处死时，人民群众虽然又出现在镜头中，但只是指点、议论的旁观者。蓉儿虽然也是人民的一分子，也有基于个人经历和感情的模糊的反抗侵略者的意识，并最终以试图刺杀义律，被清政府公开处死收场，但相较于《林则徐》中有明确正义感、勇于为反对外国侵略势力贡献力量，并最终纳入推翻帝国主义与封建主义的历史进程中的麦宽嫂，蓉儿是极度脆弱、极具悲剧色彩的女性形象和底层民众形象的代表。基于影片对于群众的这种刻画方式，有学者甚至指出"谢导把所有群众斗争的戏彻底扫荡"。①

谢晋导演创作力旺盛，作品众多，大多与政治有关，以至于很多人认为他专拍政治电影。《鸦片战争》一开场，就用字幕方式交代了电影的主旨："只有当一个民族真正站起来的时候，才能正视和反思她曾经屈辱的历史。"导演对中华民族历史走向的关切让人有溢出屏幕之感，从这个角度来看，《鸦片战争》无疑是一部政治电影。但这部政治电影却正如著名电影理论评论家罗艺军所认为的：《鸦片战争》为那段历史的影像书写提供了基于"20世纪90年代的时代精神"的新视角，这个"新视角"更忠于恩格斯所提出的"美学观点和历史观点"最高的衡量标准，"而不是急功近利的'政治标准第一，艺术标准第二'"。② 由此可见，《鸦片战争》是一部政治电影，但其展现出来的历史观却并未把政治标准置于第一位，反映出一位老导演在20世纪末那种社会条件下的心态与选择。

进入21世纪的第三个十年，一部以鸦片战争为选题的网络大电影《血战虎门》于2021年9月20日上线视频平台。相比于前文所述的两部作品，这部电影在塑造民间人物形象方面非常突

① 刘间文俊：《社会变迁与电影形象——历史英雄的困境与解脱，从〈林则徐〉谈起》，载《扬子江评论》2009年第3期。
② 罗艺军：《〈鸦片战争〉随想》，载《当代电影》1997年第4期。

出，影片开场就是烟馆中一位瘾君子跪求以女儿交换鸦片，小姑娘目睹父亲被拒、被打，还有一位显然是因吸食鸦片倒地而亡的年轻女性被沉入江中。影片的第二组画面是一对年轻情侣在一艘鸦片船上试图烧毁鸦片，女性为救男性而丧生。直到第三组画面，道光皇帝和林则徐才出场，但对白简单，镜头也不多。到了第四组画面，林则徐在广州的禁烟行动正式开始，但是身边既没有重要支持者邓廷桢、关天培，也没有主要惩治对象韩肇庆、伍绍荣，陪伴他、保护他，共同面对广州禁烟复杂局面的主要人物是一位女扮男装、武艺高强的年轻女性安儿。影片推进到此处，林则徐面对的似乎是一团黑幕重重、无从下手的困局，他找到的解决办法就是依靠那位在影片第二幕中痛失爱侣的民间禁烟斗士、即将被行刑的死刑犯华继良，此后的剧情主要围绕这位身怀绝技的民间禁烟斗士展开，而他能在与贪官、中外大鸦片贩子的斗争中取得胜利，主要是靠智勇双全、武功过硬和同心协力的两位兄弟及安儿的密切配合。

由上可见，《血战虎门》主要刻画的是民间反烟英雄，这些人普遍拥有盖世神功，足以以一当百，正义感强，可以不顾生死，同时又重情重义、矢志不渝，影片似乎在推崇人民的力量，但对于武侠精神、个人力量、儿女私情的过度呈现又使他们脱离了人民。一方面，这种形象完全可以不依赖于具体的历史条件，飘浮存在于任何时代之中，脱离了社会坐标的人是抽象的人，失去了人民作为社会成员的属性；另一方面，对于个人力量的过分突出无疑是一种幻象书写，人民的力量虽然建基于个人力量，但在中国近现代史的发展历程中主要体现为群体力量。所以，这部主要呈现了鸦片战争中民间"有本事的人"的《血战虎门》很难被评价为是在凸显人民力量，而正相反，当那些侠客叱咤风云的时候，恰是人民力量萎靡不振之时。

当然，与《林则徐》《鸦片战争》不同，《血战虎门》只是一部网络大电影，虽然电影是在北京电影局指导下拍摄的，但年轻的张哲导演没有像当年郑君里、谢晋导演那样去充分了解、吸收相关研究成果，电影本质上只是一次有关鸦片战争的个人表达，这在一定程度上代表了今天很多历史电影的共同之处——历史正在被以多种立场、经多重滤镜重新书写与呈现，正如片尾曲中所唱到的："该是时候让你听到我的想法。"但需要注意的是：虽然一千个读者有一千个哈姆雷特，但哈姆雷特不是李尔王。历史电影不能完全脱离历史过往的真实情况，《血战虎门》这部以鸦片战争为题材的电影却把大量镜头给了对打，十三行中最大的鸦片商何家父子死于与江湖义士的打斗，甚至连英国大鸦片贩子颠地都被塑造为大力士形象，在与江湖义士激烈对打后倒地不起，生死未卜。不得不指出的是：这类刻画反映出的是一种对于历史的无知与轻慢，是一种被个人视角遮蔽之下的媚俗之举，应该加以反思。特别要注意的是影片传达出的历史观，不仅体现在对于中方历史人物的书写上，还特别体现在对鸦片战争中西方人的呈现方面。

《林则徐》中出现的西方人主要是义律、颠地，他们都是英帝国主义侵略者的代表，麦宽爹是因为拒绝为他们运送鸦片而"被洋鬼子一枪打死"的，广东禁烟屡遭不利是因为"外有洋人"。但他们在敢于开展斗争的人民面前就变得脆弱而丑态百出，颠地在腐败官员的接应下试图逃跑，但以麦宽夫妇及邝东山为代表的人民最终将其截获，清军虽然在英军面前不堪一击，但三元里团结起来的 103 乡民众使得义律带领的英军遭受重创。总的来看，《林则徐》中的西方人是一种面貌一致的侵略者形象，他们面对腐朽反动的清政府可以耀武扬威，但却必定会在团结、勇敢的中国人民面前败下阵来。影片通过塑造这样的西方人形象传递了这样一种历史观：只要没有内奸和叛徒，中国人民齐心协力抵抗侵略者，那反侵略战争就一定能够胜利。英国汉学家蓝诗玲认为这是一种"向内反思"的历史观，这种历史观缺乏对于西方内部复杂性及先进科学技术的关照，尽管出于朴素的正义原则，但正如马克思分析的："激于道义的原则"的"陈腐世界的代表"与"为了获得贱买贵卖的特权"的"最现代的社会的代表"决斗的结果一定是"陈腐世界"的"死去"，尽管"这的确是一种悲剧"。① 马克思的分析提示我们，电影《林则徐》在刻画西方人形象的过程中有其情感充沛但却理性不足的粗疏之处，这个问题在近 40 年之后的《鸦片战争》一片中有很大改善。

如前所述，相较于《林则徐》，《鸦片战争》中的西方人形象更为丰富，西方世界的多样性与复杂面貌因而得到了更多呈现。比如，英国大鸦片贩子颠地身边有了女儿玛丽小姐——她会对颠地射杀海鸥表示不满，也会因与何家少爷有了交往而在其大祸临头之时伸出援手，甚至颠地对待女儿的态度也会令观众感受到他作为父亲展示出来的非单纯侵略者的一面。英国商馆中有了神父劳顿，他出于宗教信仰反对鸦片贸易的主张使人了解到英国内部并非都赞同鸦片贸易，还有英国维多利亚女王夫妇、首相梅尔本、外相巴麦尊，特别是在议会辩论中反对对华作战的议员亚历山大，他甚至提到："他们（中国）是伟大的民族，即使沉睡时也深不可测。我们也许可以战胜它，但却不能征服它"，"这辈子有个愿望，要去中国看看，但我宁可游过大海，也不愿坐军舰前去"。辩论的

---

① 马克思：《鸦片贸易史》，载《马克思恩格斯全集》（第 12 卷），人民出版社 1962 年版，第 587 页。

结果展示在字幕中——271 票对 262 票，主战派仅以 9 票胜出。也就是说，英国内部有将近一半的声音是反对因鸦片而发动侵华战争的。正视事实，不刻意丑化敌人，《鸦片战争》对于英国侵略者的这种刻画方式正呼应着该片的立意——"只有当一个民族真正站起来的时候，才能正视和反思她曾经屈辱的历史"。毕竟，矮化对手的结果往往不能使自己显得更加高大，还可能因歪曲事实而适得其反。

但遗憾的是，24 年后上映的《血战虎门》却明显退步了。该片只出现了两位外国人，着墨最多的是颠地，但颠地一出场就令人震惊：他单手掐着一位奉命搜查商馆的清兵脖颈将其高高举起，身材格外壮硕，肌肉线条清晰可见，嗓音粗壮，头脑简单，举止粗鲁，整体形象与现在可见的颠地资料及前述两部电影中的颠地形象都有极大差异。

《林则徐》中的颠地作为一位大鸦片贩子虚伪、粗暴、蛮横，但当得知义律请求巴麦尊对华开战后激动地认为战争同时也具备"为伟大的西方文明打开中国的大门"的意义，这是符合颠地认知水平和价值观的刻画；《鸦片战争》更是将颠地设置为议会辩论中的主要角色，是颠地在议会中通过对比展示 3 件不同时期的中国文物——青铜器、玉器、瓷器，来说服议员们相信清政府虽然傲慢但极为脆弱，他说瓷器就是当时的中国，"它满身自以为是，但只要轻轻一碰，它就会粉身碎骨"。影片中，颠地的这次发言是使得主战派胜出的重要转折点。虽然实际上是另一位大鸦片商查顿，而非颠地，在对华开战的决策过程中积极参与了介绍中国情况和进行辩论的活动，但《鸦片战争》将这些活动安排给颠地是一次基于史实的虚构，这种艺术虚构是有历史基础的，颠地代表了当时在中国从事鸦片贸易的大商人的共同点：因多年从事对华贸易对中国国情有一定了解，鄙视清政府的官僚机构，认为中国的军事力量不堪一击，推崇西方科技及文化，对英帝国有强烈认同。

《血战虎门》将颠地塑造为纯粹野蛮、贪婪的肌肉男形象，在一定程度上代表了当今一部分人对 19 世纪下半叶帝国主义侵略者的认识，这种认识令人有似曾相识之感，在 180 多年前鸦片战争爆发前后，当时的清朝官民普遍认为夷人颇似畜类，性同犬羊。

对于电影写史要不要求真的问题一直存在争论，一种声音认为"如果电影人像历史学家一样，局限在重构过去的任务中，那么就不可能与现在脱离关系，毕竟他们是在现在中成长的"。这种主张强调电影人如果致力于去恢复历史真实，那就有可能无法摆脱其所处的时代条件对其历史认识的影响，所谓的真实不过是基于其所处时代认知水平的真实。但另一种声音却认为，创作历史题材故事片时要尊重史实，不给"故事片添加任何凭空想象的花哨的东西"，这样处理的一个重要原因是"美学在接近某种'真实'的时候才最美，这也使美学的表述更为牢固可靠"。[①] 这种主张认为，对于历史电影来说，美与真的原则需要统一。更为现实的是，电影这种文化产品还需要考虑市场收益，正如一位参与多部电影摄制的法国历史学家所说的：

> 由于我们对那个时代的无知，由于我们如此大的知识漏洞，我们对那个时代的了解也大打折扣了，这让我产生了动摇。如果是一本书的话，我就可以承认自己对某些知识的了解不确切、在我的研究中还有一些空白之处，我也可以通过转弯抹角的方式为自己的研究做些辩护。然而面对影像，观

---

① ［法］克里斯蒂昂·德拉热、樊尚－吉格诺：《历史学家与电影》，杨旭辉、王芳译，北京大学出版社 2008 年版，第 69、104 页。

众都希望画面简单明了的时候，我如何能够把连自己都心存疑虑的地方解释得清清楚楚呢？我该怎么处理这些犹疑之处？靠想象吗？那么我又该在什么限度内展开自己的想象呢？历史学家不具备小说家那样的自由度，恰恰相反，历史学家的职责就是不能让自己天马行空。可是票房的压力又要求历史学家逾越羁绊。所以，这也是为什么我那么喜爱电影，但我在电影改编的工作过程中，总是有一种焦虑，像水果里的虫子一样，在我的心头不停地蠕动啃噬着。①

历史题材的故事片要综合考量多种因素是一个不争的事实，具体到以上讨论的三部以鸦片战争为题材的电影，除了《林则徐》外，其他两部作品都要接受市场的检验，导演在创作过程中不可能不把社会普遍接受程度纳入工作标准，当今时代的电影展示的是社会对历史的平均认知状态和可被市场、官方、公众共同接受的历史书写。由此要引导学生认识到，电影中的历史展现的只是公众社会对于历史的认识和理解，观看历史电影了解到的是大部分人怎样认识历史，而很难从中了解到历史的本来样貌。

---

① ［法］乔治·迪比：《在电影面前的历史学家》，载［法］克里斯蒂昂·德拉热、樊尚－吉格诺：《历史学家与电影》，杨旭辉、王芳译，北京大学出版社 2008 年版，第 230 页。

第二章　历史纪录片的前提与界限 ————

👥 教学目标

本章影像表达分别讨论太平天国运动、洋务运动和维新运动，主旨是呈现在对国家出路进行探索的过程中，农民阶级、地主阶级洋务派和资产阶级维新派的主张和方案都没有获得成功，并分析原因及经验教训。将纪录片《船政学堂》引入本章教学，主要目的在于引导学生思考历史纪录片在书写历史时的优势与欠缺。

作品分析

在第一章介绍历史题材故事片的基础上，本章将围绕纪录片展开讨论。2014年上映的历史纪录片《船政学堂》属于历史题材纪录片中的精品，但是该片在作品立意，对船政学堂在历史进程中的作用呈现及一些细节问题方面，既有突出的优点，也存在一些不足之处，特别值得从影像史学的角度展开讨论。在教学过程中需要引导学生在观看的基础上就此进行思考。

　　《船政学堂》按照时间线索分为 6 集，每集大概 50 分钟。影片第 1 集名为《海国图梦》，主要介绍船政学堂创建之初的主要人物事迹及创建过程。在本集开头部分的引子中用动画的方式呈现的是 65 岁的林则徐与左宗棠相见的画面，并引用了左宗棠回忆这次湘江夜话时的文字——"是晚乱流而西，维舟岳麓山下，同贤昆季侍公饮，抗谈今昔。江风吹浪，柁楼竟夕有声，与船窗人语互相响答"，诗情画意盎然于屏幕，艺术体验有助于激发历史想象，引人入胜。本集的主体部分随即展开，正如总导演孙原所介绍的，该片最显著的特点是以国际化的视野思考中国未来，一开篇为观众展示的就是当时已进入蒸汽舰船时代的历史背景，但与之相伴随的还有华夏—夷狄观的文化防线意识，雷颐、张炜、陈悦、马勇等专家学者的讲述主要沿着这条线索展开。第二次鸦片战争失败之后"创痛巨深"，清政府首先尝试购买船舰，但阿斯本舰队事件表明缺乏海防意识的举措不仅无法解决问题，还会带来更大的损失。时任闽浙总督的左宗棠于 1866 年上折建议筹措海军，船政学堂的筹建因之拉开序幕。影片随之呈现的是筹建过程中在人选、资金、选址等方面的诸多细节，其中既使用了历史人物的日记、亲历者后人的讲述、历史纪念场地的镜头，还用二维手绘动画展示了人物间的交往、事件的展开等场景，使得原本只有文字记载的史料有了立体再现的可能，正如该片编导组成员黄小勇撰文介绍的：

> 这些二维手绘动画是一个庞大的特效制作团队长达一年的成果。二十几个原画师手工绘制一幅幅图片，他们既要设计出风格统一的原画，又要理解节目主旨和意图，然后在电脑里构建数字模型，后期剪辑合成人员通过模拟摄像机推、拉、摇、移等运动方式，实现二维手绘动画的连贯展现的视觉效果。①

这种视觉效果赋予了文字形式的历史书写难以达到的现场感，拉近了观众和历史人物、历史事件的距离，具有文字所不具备的传播效果。与此同时，由专家讲述所呈现的有关海防方略、中日关系、筹建思路等深度思考又为本片增加了厚重的纵深感，影片第1集就在这样饱含艺术体验与历史关照的双重感受中引领观众进入了船政学堂的回顾之路。

影片第2集名为《孺子可教》，和第1集一样，开篇的引子首先呈现的是一幅历史场景，即1867年1月6日船政学堂的前身求是堂艺局在先定寺开班的画面，解说词中特别指明学堂借寺地诵读英文的声音和寺内唱经的声音形成了一种奇异的混响，这既为后续要呈现的中西冲突导致学堂招生等一系列事务遭遇的困境埋下了伏笔，也是影片中西融合视角的再次体现。

此后，严复的回忆文字及上海图书馆徐家汇藏书楼所藏《纽

---

① 黄小勇：《现代信息技术环境下历史人文纪录片的探索与思考——六集历史人文纪录片〈船政学堂〉的创作特色简析》，载《东南传播》2014年第10期。

约时报》1856 年开始的对于中国长达 57 年的报道内容即刻就令观
众置身于历史之中，少年严复入学船政学堂的曲折经历及沈葆桢
动员亲朋好友的不懈努力都展示出中国士人一开始对洋人的不理
解和排斥，专家讲述部分又引导观众思考这种不理解和排斥产生
的制度原因。在多方角力的复杂处境中，学堂确立了英法结合、
互相制衡的师资结构及技术人才、指挥人才分别培养的教学方式，
开创了近代中国军事教育的一代先河。

　　现藏于法国国防部档案馆，由学堂正监督法国人日意格所著
的《福州船政局》及其与同事连夜赶工完成的第一部中法词典
《法汉袖珍词典》，船政局工程师蒂博迪埃 1868 年 6 月的履职报
告，以及收藏于中国船政文化博物馆的船政学生课程笔记，马尾
造船历史陈列馆中展出的教学用具，都成为鲜活的历史载体，展
示着全新的教学内容和方式对于学堂少年的巨大影响。

　　学子们一年在学 349 天，只有端午、中秋、春节的几天时间可
回家探亲，周日虽然可以出校放风，但召集号吹响后必须尽快赶
回，超过规定时间 15 分钟记过，超过 1 小时勒令退学，3 个月 1 次
小考，考 3 次三等就要被除名。据专家介绍，学堂第一届初招
105 人，只有 39 人毕业。虽然影片中洋教习曾经评价学生们不运
动，不懂娱乐，但经受住紧凑的学习生活考验的后学堂第一届堂
课结业生上练船即将开始 4 个月的出海航行前，曾集体给他们的驾
驶教习英国人嘉乐尔写信表示感谢之情："嘉乐尔夫子教习，我等
已修完功课，即将航海，一试本领。从今而后，我等将要去对付
飓风，控制狂狼，窥测日星的运行。与您分别，虽觉难过，但为
国家服务之心甚切。今日离去，定将为您所喜悦与赞许……"

　　学堂师生之间的良好状态与接替左宗棠的沈葆桢有密切关系，
影片中展现了一些方面，如沈葆桢给日意格等初期的 24 名洋教习

提供了非常高的月薪金，高级管理人员最高可达 1000 两，而沈葆桢自己才 600 两。但在处理洋教习虐待学生事件时并不袒护外籍教习，能够秉公依规处理，赢得了师生双方的认可。影片强调，作为一品大员的沈葆桢能够亲自管理学校教育，是非常罕见的。

影片还用三维动画的方式复原了沈葆桢主持船政事务后打造的第一艘轮船"万年清"号下水的过程，这是中国第一艘千吨级兵商两用船，清廷还破例不避名讳，允许使用"清"字为这艘船命名。专家在讲述过程中引用恩格斯论断深化了这一事件的意义，指出一艘军舰是大工业的产物，但更重要的是大工业的缩影，背后有工业原料、燃料、采矿、制造、运输等支持，船坚炮利的背后是大工业的框架。

从 1869 年"万年清"号下水到 1875 年调任南洋大臣期间，沈葆桢作为船政监督主持修造了 16 艘舰艇，培养了 3 届 93 位驾驶、造船毕业生，创造了很多个中国第一，推动了中国近代化和工业化进程。通过三维动画复原的船政十三厂，既展示了包括船政衙门、前学堂、后学堂、轮机车间、绘事院等船政建筑的总体布局，还细致地呈现了船政衙门的大门、官池、对联，配合着摄影机的推、拉、摇、移，这座曾经是亚洲最大的造船训练基地、打造了我国第一支海军舰队的福建船政十三厂跃然于观众视野之中，船政学堂历史地位的重要性也由此更加明确。

影片第 3 集名为《问道"泰西"》，从 1877 年 7 月一家英国照相馆迎来了一群中国青年开始，一张张老照片中的年轻面庞引领观众回到历史中。本集主要聚焦于船政学堂第一届出国深造的学生，采访了很多与之有关的英法专家学者。英国格林尼治海事研究所所长贝拉米出镜介绍相关情况，据他介绍，这所研究所的前身就是英国格林尼治皇家海军学院，在其开办才到第 4 年的 1877

年，在时任驻英公使郭嵩焘的斡旋下，中国学生就已经到来准备入学了。再如法国科学院院士巴斯蒂夫人，她不仅出镜介绍，还为摄制组提供了自己收集到的当时法国教师考迪埃与留法船政生的通信、贺卡、名帖等实物。除了专家学者，摄制组还寻访到了受邀负责船政学生留学事务的日意格先生后裔，他们保留了很多资料和照片。据该片介绍，日意格后来又担任了船政留学正监督，9 年后病逝于任上，因其"一手经理，日常奋勉"的工作精神和良好的工作成效，得赐一品提督衔，家族后裔们为摄制组展示了当年的黄袍马褂、顶戴花翎及各种赏赐物。

　　新史料的披露与运用使得本集所呈现的内容既令观众信服，又具有感染力。摄制组除了使用郭嵩焘日记等已有文字史料，还专门查阅了格林尼治大学图书馆藏书、英国国家档案馆 1877—1879 年中英外交档案目录、当年的巴黎自由政治学堂（今巴黎政治学院）1878 年学生花名册，拍摄了今天仍在使用的当年格林尼治皇家海军学院的餐厅，采访了那里的中国留学生，特别引人入胜的是运用二维动画的手法呈现了青年罗曼·罗兰在 1898 年 2 月 18 日日记中对留法船政学生陈季同演讲的描述："他身着漂亮的紫色长袍……身体健壮，声音低沉有力、清晰明快。这场风趣幽默的精彩演讲，出自一个男人和高贵种族之口，非常法国化，但更有中国味……听众情绪热烈，喝下全部迷魂汤，疯狂鼓掌。"这种手法的运用充分发挥了影像写史的优势。与之类似，当解说词在介绍陈季同将中国的风雅才情与法国的浪漫奔放结合到一起时，画面展示的既有法兰西科学院所藏的陈氏的中文及法文名片，也有在法国国家博物馆中以陈季同法国名字搜索出来的 1040 个检索结果，船政学生出国留学所引发的中西融合的点滴表现因此生动地呈现在观众面前，船政学堂由此也进一步被置于中国乃至世界近现代史的发展历程中。

影片第4集名为《蛟龙出海》，主要聚焦于沈葆桢率领船政水师保卫台湾、建设台湾，使得日本首次谋求台湾的军事行动以失败告终，并开启了台湾近代化历程的一系列历史事件。该集对于情景再现的运用很有特色，在展示1872年深秋日本外务大臣副岛种臣与曾任美国驻厦门领事的台湾通李仙得达成共识，要暗中协助日本攫取台湾的场景时，导演王晓榕曾撰文做过非常细致的介绍：

> 该场景设计在一个月黑风高的夜晚，一间空荡荡的屋子，除了窗外透进的幽冷月光，没有多余的光线，一切均处在神秘莫测的幽暗之中。副岛种臣与李仙得坐在桌子的两侧，除了两人之间的桌端架着的一把日本武士刀外，没有多余的道具。这样的场景设计营造了冷漠、阴暗、诡秘、暗藏玄机的氛围，武士刀既交代了人物所处场所的性质，又暗示着危机与战争。整段拍摄均采用逆光，几乎看不清人物的长相与表情，只是通过手指点椅、抚摸帽檐等特写小动作的切换，传递密谋与博弈的氛围，让观众感受到紧张感与秘而不宣的气息。①

这种表现方式与"真实再现"在历史题材纪录片中的作用有关，王晓榕导演认为："因为'真实再现'所提供的视觉空间只是用以让观众了解和感受当时氛围和情境的虚拟空间，并非存在于历史某一时空的一个客观空间。"所以在缺乏确切史料的情况下，光线、道具的选择主要为营造氛围服务。

在勾勒沈葆桢带领船政学子驱日出台并在台湾推行教育、建

---

① 王晓榕：《浅论"真实再现"在历史人文纪录片中的应用——以纪录片〈船政学堂〉为例》，载《东南传播》2015年第11期。

设道路、绘制地图、开设电报等主要作为时，影片除了邀请台湾地区"中研院"台湾史研究所所长谢国兴、台湾成功大学金智、沈葆桢六世孙女沈冬等出镜讲述，还拍摄了台湾图书馆收藏的沈葆桢为台湾原住民编的教材《训蕃俚言》，台湾故宫博物院收藏的船政学子绘制的地图、蕃民图、三十六蕃全图、台湾全图等。①

为了获得第一手资料和画面，《船政学堂》摄制组还克服困难，两度跨越海峡到台湾地区，寻找 1874 年日本首次侵台事件中，福建船政学子们是如何在沈葆桢的带领下驾驶船政自己建造的军舰御敌保台，并为台湾早期近代化建设建立卓越功勋的相关资料。《船政学堂》摄制组在此期间，深入台北图书馆、档案馆，获得了大量珍贵的船政学子保台、建台的文物和图像资料，为感受和认识船政学堂对台湾近代化及中国国防和海防所发挥的作用提供了令人耳目一新的资料。

该集还涉及船政学子在北洋水师学堂建设、北洋水师成军、铁甲舰建造，乃至工业、造船、铁路等中国现代化进程多个领域中所发挥的贡献，展示了船政学堂既作为中国近代海军的摇篮，又是中国工业化推动力量的重要历史地位。

影片第 5 集名为《一声叹息》，主要聚焦于船政学堂及中国近代海军在马江海战及甲午战争过程中的表现及结果。在刻画马江海战时，影片应用了 186 秒的三维实景合成技术，展现了船政学子英勇抗击的主要过程，也用动画手段呈现了船政学子对清廷错误决策的不满与反抗，1884 年 8 月 23 日的海战仅仅半小时就使得清方几乎全军覆没，中国近代史上的第二次海防筹议不得不在困境中展开。

---

① 黄小勇：《现代信息技术环境下历史人文纪录片的探索与思考——六集历史人文纪录片〈船政学堂〉的创作特色简析》，载《东南传播》2014 年第 10 期。

与此同时，日本的海军建设却在快速推进中。影片使用二维手绘动画较为细致地刻画了"日本长崎事件"等历史事件，运用新技术的同时配合摄制组收集到的 19 世纪末影像资料及专业学者的解读，有助于观众更全面地了解日本海军为什么能够后来居上，这背后既有世界工业革命发展进程中技术快速迭代的因素，也有日本海防、国防策略的因素，更与旅日学者萨苏提到的日本指挥大本营中 200 名专业军官与李鸿章幕府中只有 5 人等中日两国在专门机构和专业人才数量上的巨大差距有关。不太为人熟知的 1889 年光绪大婚所花费用可订购 3 艘定远舰等细节在片中也有所涉及，这就为甲午战争前日本军舰总排水量 7 万多吨，清朝军舰总排水量约 4 万吨的实力对比埋下了伏笔，进而提出海战并非奋勇就能取胜的观点，认为甲午战争战败最重要的原因是朽坏的大清体制，也就开启了该片最后一集的讲述。

最后一集名为《世纪星火》，主要聚焦于甲午战争战败后的船政学子，如严复、萨镇冰、叶祖珪等。但与着墨于萨、叶在海军中担任重要职责不同，该集重点呈现了严复在思想、教育领域内的贡献，涉及严复 4 次科举不第及甲午战争战败后刊文介绍西学，撰写《原强》，翻译、出版《天演论》，创办《国闻报》等，以及其在百日维新、辛亥革命等过程中的选择与活动，这与该片致力于揭示船政学堂在中国近代化进程中的历史地位密切相关，严复在彼时彼刻积极从事的改造中国思想的活动恰好能够体现出军事胜败与政治、经济、文化因素密切相关的一面。在这一集中，影片不仅通过书写船政学子在历史进程中的作用，更加明确地强调了船政学堂对于新思想的传入、制度化学习乃至中国近代化的重要作用，而且在片尾还特别提到了今福建船政交通职业学院与台南的左营海军军官学校是船政学堂的延续，将船政学堂置于前后相续，追求光明、进步的历史发展进程中，意蕴深远。

综合来看，《船政学堂》当年播出后产生了非常好的反响，既是因为其在处理选题时展示出来的历史意识深沉，现实关切鲜明，也是因为在展现主要内容时构思精巧、技术运用恰到好处。

有关前者，该片总导演孙原曾撰专文予以介绍，特别强调了船政学子们"为近代中国探求民族进步、变革图强之路艰难实践，发挥了不可替代的群体效应"的基本立意，还表明了其对好纪录片应该"宣扬人类的基本人文内涵"、应该能够使"不同的人如果从片中看到不同的收益"的主要观点，并指出该片也力求"紧密结合当前百姓热点关注的'海洋、海权''日本自有清之后一贯图谋中国'"等热点来讲述故事。在此基础上，孙原导演明确得出了四个重要结论：一是"中国历史上其实不缺乏开放与革新精神，只是这个过程一向艰难曲折"；二是"中国历史上，特别是福建历史上，并非没有海洋观"；三是"中国近代海军并非一无是处，而是颇有建树"；四是"必须坚定思想解放和开放改革，坚持与世界各民族合作发展、交流共赢"。与此同时，孙原导演还发出了"我们要善于从船政学子等具有世界眼光的先驱们身上获取精神营养和文化内省。中国人今天特别需要的是从整个人类近现代化历史进程的宽阔角度进行大文化的思考和行动"的号召。[①]

由此可见，影片的主创团队不仅饱含热情地强调船政学堂在中国近现代史中开创了诸多第一的历史地位，而且还关注人本身。正如孙原导演介绍的，影片"从'人'的角度切入"，"运用故事化叙事手法加以展开，随时勾连同时期中国及西方世界大背景、展开悬念铺陈与主次高潮，将船政人物命运故事与所处年代背景

---

① 孙原：《以国际化的视野思考中国未来——大型历史人文纪录片〈船政学堂〉导演阐述》，载《中国电视（纪录）》2014 年第 8 期。

关联，个人悲喜荣辱与国家命运紧密关联"，"从而带给今人更多深度思考和当代启示"。确实能够看到，影片在书写从左宗棠到沈葆桢再到郭嵩焘、严复、萨镇冰等一系列与学堂密切相关的历史人物时，将人与学堂、人与物、人与时代、人与历史的关系置于国人从昨天走到今天、从历史走向未来的中华民族伟大复兴的进程中，呈现开放、交融、以人为本的世界观与历史观。

需要注意的是，除了要引导学生从以上角度认识该片突出的优点，也必须指明其中的一些不足之处。比如，该片在将左宗棠、沈葆桢、陈季同、严复、萨镇冰等人视为"清末民初探索强国富民道路上大胆实践的先行者"的同时，却未能明确指出这些历史人物身上的局限与不足。

例如，影片在运用多种手段刻画陈季同时，浓墨重彩于陈氏为法国人介绍中国时写作的一系列代表性作品，如《中国人自画像》《中国人的戏剧》《中国人的快乐》《吾国》等，但却只字未提当年产生了巨大影响的曾经是其老师兼朋友的法国人蒙弟翁与陈季同的著作权之争；再比如严复，影片比较完整地呈现他起步于船政学堂，因成绩优异被选派赴英留学，归国后在北洋水师学堂从教习到校长，甲午战争后积极投身传播新思想，维新运动中应对光绪召见，乃至与孙中山的会面、为大清写国歌及 1912 年出任北大校长等过程，却并没有提及 3 年后严复参加筹安会为袁世凯称帝奔走呼号。

可以说，影片在呈现其他主要人物，如左宗棠、沈葆桢、郭嵩焘、萨镇冰等时都同样有一种为尊者讳、为长者讳的气息，这种处理手法固然展示了理应有之的礼敬前贤的晚学姿态，但对于以中国近代化历程为主要立意的影片却是一种遗憾，一些与之密切相关的问题因此种态度难以深入展开。如果海军人物都如影片所呈现的那样德能兼备，运筹帷幄，那就很难全面解释中法战争中船政学堂为何遭遇灭顶之灾、甲午战争中北洋水师因何全军覆没，毕竟制度是由人打造和维系的，抽离具体的人而只抨击制度，总显空泛。

一些影片中出现的问题——如出镜专家王宪明、马勇、雷颐等讲评中都涉及为什么近代西方比中国强得多的问题，但影片并未给出明确的答案。还有一些影片并未提及，但如果不做交代似乎是极大的缺漏的问题，比如船政学堂在创建之初大规模借法国人之力，但最终也是毁于法国人之手，二者之间有无关系？如果影片能在结尾部分给出一些介绍与讨论，不仅将改善该片头重脚轻的弱点，更有助于观众辩证地认识近代以来西方人对于中国的影响与作用。

如前文所述，引导学生在对该片主题与内容进行分析的同时，还要从形式与技术的方面展开讨论，关于这一方面，影片的创作团队也撰文进行了大量介绍。如总导演孙原在《以国际化的视野思考中国未来——大型历史人文纪录片〈船政学堂〉导演阐述》一文中特别介绍了影片的叙事结构与叙事方式，指出该片"就基本叙事形态而言"，"采用了编年体线性结构与'叙事共时性'板块结构相结合的叙事方式，有些地方为了情节的铺垫和悬念的设置，还采用了'套叠式'的叙事，即在一件基本事件的讲述中，插入必要的时代背景介绍或主人公心理的合理推论等，使得全片颇具小说化的章法"。[1] 这种叙事手法既对于了解船政学堂以及中国近代海军、海防的基本发展历程有所助益，同时也对共情地、细化地感受历史、品味历史提供了有力支撑。

---

[1]　孙原：《以国际化的视野思考中国未来——大型历史人文纪录片〈船政学堂〉导演阐述》，载《中国电视（纪录）》2014年第8期。

法国剧作家马塞尔·马尔丹在其《电影语言》一书中曾经提到："在现代影片面前，观众已不再有观看一次安排妥帖的演出的印象，而是感到被导演引为知己，和他一起参与了创造。"① 从这个角度来看，《船政学堂》吸引人的一个重要之处就是通过"套叠式"的、"小说化"的手法激发起观众的好奇心与探索欲，进而实现了融入自身感受与感情的联想与认同，产生了一种影片想其所想、言其所言的同构感。

当然，这种感觉的产生首先与影片在资料方面所下的功夫直接相关。影片不仅使用了大量已出版的相关资料，还挖掘、呈现了很多此前未曾公开披露的原始资料，据编导组黄小勇撰文介绍，为了找寻史料，摄制组"走访了福建省档案馆、福建省图书馆、福建师范大学图书馆、厦门大学图书馆、上海图书馆、上海档案馆、湖南图书馆、湖南档案馆，北京大学档案馆、天津档案馆、台北图书馆、台北档案馆"。② 除此之外，在观片过程中，还能够看到很多摄制组拍摄于英国、法国等国家各相关图书馆、档案馆、博物馆等中的原始资料。大量一手资料及原始资料的运用为该片在信息源上的可靠性给予了充分保障，有助于影片在立论过程中让观众从半信半疑到心悦诚服。在进行影片分析时，教师应重点引导学生从这一角度加以学习，特别对于有志于通过拍摄纪录片的方式参与影像史学在"中国近现代史纲要"课程应用实践的同学来说，纪录片对于文献可信度与原创度的要求是非常之高的。

---

① ［法］马塞尔·马尔丹：《电影语言》，何振淦译，中国电影出版社 1980 年版，第 221 页。

② 黄小勇：《现代信息技术环境下历史人文纪录片的探索与思考——六集历史人文纪录片〈船政学堂〉的创作特色简析》，载《东南传播》2014 年第 10 期。

　　很多确有建树的专家参与摄制并出镜讲解更加强了影片的公信力，姜鸣、马勇、雷颐、萨苏、黄克武等在相关领域有研究成果、有历史见识的学者们不仅对于使观众相信该片提供的历史信息提供了坚持的托举，更对于观众提升历史认识产生了直接的帮助。

　　除了专家学者，《船政学堂》还拍摄了船政学子后裔的访谈画面，据编导组成员蔡韧介绍，这类访谈多采用在生活实景中拍摄的方式。比如对船政学堂法国正监督日意格的后裔德·帕纳菲夫妇的采访，就安排在他们生活的客厅里。熟悉的环境，让被采访对象自然放松，侃侃而谈；同时观众也可借由环境得到更多的信息，画面上出现的客厅长桌上有日意格的日记、信件、餐具器皿，丰富了画面信息量，同时增加了纪实感。①

　　可以说，这种拍摄方式确实收到了一举多得的效果，不仅可以使受访者自如讲述，还可以直接展示文物、丰富历史信息，更有助于观众建立一种今昔中外的连接感，充分体现出影像史学在中国近现代史书写与呈现过程中独特的魅力。因此，在教学过程中，我们也会特别鼓励学生在进行视频制作时，不仅将历史遗物（迹）、纪念馆、博物馆等视为拍摄对象，还要把人物也纳入进来，除了专家、学者，也会强调亲历者及其后裔的独特作用，引导学生通过活生生的人寻访历史，建立起过往与当下的连接感。

　　情景再现手法是该片的特色，编导组成员也多有介绍。阅读之后，更能理解为什么影片能够达成较好的传播效果。首先，正如总导演孙原所强调的："应尽量发挥文物、文献、遗址、实物的

① 蔡韧：《浅析历史题材纪录片〈船政学堂〉的视听语言》，载《东南传播》2016年第 12 期。

作用,'情景再现'只起辅助叙述作用。"① 不得不承认的是,过多的情景再现会增加影片的演绎感,进而削弱纪录片的真实性与可信度,必须要把握好主次、轻重、多少的关系。其次,导演组特别强调注意从如何用光影呈现与时代相应的基调并给场景增加"时光流动感",如何应用景别构图恰当塑造人物,如何让人物、画面动起来,如何处理前景与拍摄主体的关系,如何拍摄能烘托场景氛围、人物关系或人物心境的器物、建筑、植物、天象(光影)的细节等方面加以把握,② 理念、原则和技术、方法的有机结合是精品被打造出来的重要原因。

在结合影像史学的具体教学过程中,教师也会引导学生在观看作品的基础上阅读相关资料,特别是作品主创团队的说明性资料,以便学生更为深入地了解和学习作品的具体创作过程,以及可以加以借鉴的创作理念和具体手法。例如,有关《船政学堂》的再现问题,我们还会特别推荐前文述及的该片导演组另一位成员王晓榕撰写的文章,该文就真实再现的具体运用给出了非常细致的说明。文章首先强调了"尽一切可能掌握有价值的相关文字、文物以及照片、电影资料等作为全片的历史真实支撑资料"的重要性,明确指出"所有的'真实再现'均应以可靠的史料为依据,进行合理化的排演,其中的场景、道具、服装均应尊重历史事实,演员的任务虽是表演,也必须有所控制,忌讳过于戏剧化"。接下来,文章还用很大篇幅讨论如何选择用以"真实再现"的内容,提出了"有可选择的历史可视性信息的情况下,就不使用'真实

---

① 孙原:《以国际化的视野思考中国未来——大型历史人文纪录片〈船政学堂〉导演阐述》,载《中国电视(纪录)》2014 年第 8 期。

② 孙原:《以国际化的视野思考中国未来——大型历史人文纪录片〈船政学堂〉导演阐述》,载《中国电视(纪录)》2014 年第 8 期。

再现'的手法，而倾向于向观众提供最直接、最可信的历史信息"，"尽量选取具有故事性、趣味性、情感性的内容进行再现"等建议，还特别强调真实再现"仅仅是纪实手法的一种补充方式，是多元化综合叙事的连接，故而必须服从总体的纪实基调，懂得克制与相融，其表现手法要紧扣主题，与其他内容水乳交融、相得益彰"，比例不能超过全片的三分之一。① 对于学生来说，王晓榕导演有关真实再现手法的介绍与阐释，不仅有助于深入理解、分析《船政学堂》这一部影片，对于进行中国近现代史题材的影像作品创作也会有所帮助，特别是对如何处理史料与再现、纪实与虚构、个体与时代、情感与认同等方面的问题都很有借鉴意义。

　　纪录片是综合的艺术，照明、音响、音乐等因素都是至关重要的。如何巧用自然光，如何应用戏剧光效，如何通过音响激发观众想象力从而拓展画面空间，如何运用已有音乐作品，如何围绕内容进行相关曲目创作等，都必须进行精心设计及积极探索。

　　总之，《船政学堂》虽存在一些遗憾，但不愧为一部历史题材的影像精品，从影像史学的角度将之引入中国近现代史课程教学、实践过程中，有益于推动教学目标的达成及取得较好的教学效果。

---

① 王晓榕：《浅论"真实再现"在历史人文纪录片中的应用——以纪录片〈船政学堂〉为例》，载《东南传播》2015 年第 11 期。

第三章　革命的影像表达与形象塑造————

教学目标

本章核心内容是考察辛亥革命的影像表达，通过影像书写的革命深入探讨为什么辛亥革命的爆发是历史的必然，通过对文字史料与影像再现的分析与理解，将辛亥革命与孙中山置于中华民族伟大复兴的历史脉络上，引导学生从理论上思考革命为何。

作品分析

关于辛亥革命的文献资料汗牛充栋，影像呈现不胜枚举，根据学生既有的对于这一阶段历史事件、历史人物的基本了解，本章选取电影《辛亥革命》（2011）和《孙中山》（1986）作为重点分析对象，具体任务则是相互关联而又各有侧重的：一是在文献资料的基础上结合《辛亥革命》的全景式影像呈现，勾勒革命在近代中国的初步样貌；二是在对辛亥革命有了总体把握的基础上，以《孙中山》为切入，深入考察孙中山这一历史人物在近代中国的形象塑造。

一、革命为何:《辛亥革命》的影像再现

霍布斯鲍姆称 18 世纪末 19 世纪初为"革命的年代",研究近现代中国的学者则视"革命"为 20 世纪中国的主题。[①] 20 世纪上半叶的中国在前后不过 38 年的时间内先后发生了辛亥革命、国民革命、新民主主义革命,规模之大、影响之深远,以至于我们至今仍生活于革命形塑的社会之中。辛亥革命作为 20 世纪中国的第一次革故鼎新,历来是海内外史学界研讨近现代中国历史不可回避的重要内容,既有搜集与整理的史料与回忆,又有记录与再现的影像呈现。对辛亥革命的不断纪念与回顾更是在累积、强化与更新之中塑造着大众对辛亥革命意义与遗产的认识。正如学者所言,辛亥革命并非起始于辛亥这一年,有它的"前因";也并非结束于辛亥这一年,有它的"后果"。[②]《辛亥革命》(2011)作为纪

---

① 王奇生:《高山滚石——20 世纪中国革命的连续与递进》,载王奇生主编:《新史学第 7 卷:20 世纪中国革命的再阐释》,中华书局 2013 年版,导言第 1 页。

② 章开沅:《辛亥百年反思:百年锐于千载》,载《华中师范大学学报(人文社会科学版)》2011 年第 1 期。这一观点代表着学界基本共识,罗志田更是将辛亥革命前后的研究视野界定为辛亥前十年和后十年,约即从戊戌维新到新文化运动的二十来年,将发生在辛亥年的政权鼎革视作一个象征性的转折点,相关的转变此前已发生,此后仍在延续。参见罗志田:《革命的形成:清季十年的转折》,商务印书馆 2021 年版,自序第 2 页。

念辛亥革命 100 周年的影片，在电影开头借戴着镣铐、准备赴死的秋瑾之口点出整部电影的主题"革命为何"，以孙中山为中心线索，展现革命为何发生、如何成功又因何陷于失败的历史进程，最终通过"辛亥革命"提供了一个关于"革命"的鲜活的总体印象。

（一）革命之发生：革命党人的奋斗与牺牲

革命不会无缘无故地发生。[①] 因此，对革命的叙述就躲不开辛亥革命的发生有其深刻的社会历史背景这种大众耳熟能详的老生常谈，影像表达则不可避免地将镜头聚焦于革命党人的奋斗牺牲及其精神气质。电影《辛亥革命》当然也是从革命党人的立场和视角呈现革命之发生。

革命党人的烈士精神。考察辛亥革命的发生，自然要聚焦于革命党人的烈士精神，这既是通过革命党人的奋斗与牺牲来充分展现革命的艰难曲折的必要选择，也是大众对辛亥革命历史记忆中最鲜明的部分。电影《辛亥革命》开篇出现的第一个有姓名的人物就是为革命慨然赴死的秋瑾、反复闪回的是写下《与妻书》拒绝清王朝官员法外开恩的林觉民。把秋瑾和林觉民作为烈士精神的化身就是因为二人相较于其他革命者有着更煽情的看点和观众基础。秋瑾在柔光中独白"死并非不足惧，亦并非不足惜，但牺牲之烈，之快，牺牲之价值，竟让我在这一刻自心底喜极而泣"，林觉民身着染血的白衣面对审问表示"大清索我的命，我诛大清的心""一同举事，一同赴死"的决心，电影通过浪漫化

---

① 金冲及：《辛亥革命的历史定位》，载《人民日报》2011 年 9 月 7 日。转引自凌斌：《从汤武到辛亥：古典革命传统的现代意义》，载王奇生主编：《新史学第 7 卷：20 世纪中国革命的再阐释》，中华书局 2013 年版，第 21 页。

的影像呈现将革命者的牺牲道德化，借此获得观众对革命本身的支持与同情。此外，秋瑾的独白可谓依据于她生前所言"即不获成功而死，亦吾所不悔也"，女子未闻有"死于谋光复者"①，这种赴死的心态与逻辑可谓与谭嗣同耳熟能详的"各国变法，无不从流血而成。今中国未闻有因变法而流血者，此国之所以不昌也。有之，请自嗣同始！"② 如出一辙。这一影像呈现一方面暗合了学界从甲午到戊戌的五年，维新与革命活动都开始活跃的判断;③ 另一方面揭示了在思想史的脉络上，肇始于谭嗣同的个体生命以消溶化解于大生命为归宿，小我以奉献于大我为目的的"大我意识"④，不仅承继于革命党人身上，而且在 21 世纪初的中国留下了深刻的痕迹。

革命党人的历史群像。辛亥革命被视为"近代以来中国社会矛盾激化和中国人民顽强斗争的必然结果"，革命党人是辛亥革命历史叙事当仁不让的主角，《辛亥革命》的影像表达必然以孙中山作为革命党人的核心人物来构建历史叙事的中心线索，但也着意分出笔墨塑造了黄兴作为孙中山的革命挚友、最坚定的拥护者和保卫者的形象。黄兴在战斗中英勇无畏断指疗伤、高举大旗飞驰于战场的场景塑造了其鲜明的英雄气概，而上书"黄兴到"三个

---

① 秋瑾:《致王时泽书》，转引自夏晓虹:《秋瑾之死与晚清的"秋瑾文学"》，载《山西大学学报（哲学社会科学版）》2004 年第 3 期。

② 梁启超:《谭嗣同传》，载蔡尚思、方行编:《谭嗣同全集》，中华书局 1998 年版，附录第 556 页。

③ 李剑农在书中将康有为与孙中山进行过比较，并且指出，二人都是在甲午至戊戌这五年开始活跃，孙中山在甲午战事发生后就前往檀香山创立兴中会，而康有为在甲午年作了举人，次年趁着会试就在北京发起"公车上书"，只是此时的环境适合于康，不适合于孙。参见李剑农:《中国近百年政治史》，商务印书馆 2013 年版，第 167 页。

④ 张灏:《烈士精神与批判意识：谭嗣同思想的分析》，广西师范大学出版社 2004 年版，第 92 页。

大字的旗帜既有史事基础,[①] 又增添了临危受命勇担大任的色彩。在孙中山与黄兴的关系上,在广州起义的枪炮声中战斗的黄兴和在海外演讲为革命筹款的孙中山,同样的怀表,一个为黄兴挡了子弹,另一个成为孙中山心系国内战局的牵引;在孙中山获知武昌首义消息时,嘱人电报黄兴去指挥战斗,自己则去欧洲游说,此等情节设置表现的是二人虽分工不同却同为革命而奋斗。此外,参加黄花岗起义的青年革命者群体也在电影中不断闪现得以反复强调,在这一群体的塑造上,一方面是通过字幕标示出人物原型的姓名以增强其历史感,另一方面则是通过他们身着白衣嬉笑奔跑于海边与伤痕累累陈尸海里的对照凸显牺牲之残酷、革命之壮烈。虽然电影在塑造革命者群像时力图使其有依据、有血肉,但仍未能挣脱辛亥革命历史叙事的固化倾向。电影中孙中山的屡败屡战仅仅体现于他富于说教意味的演说之中,借黄兴之口明确指出"孙文负责海外筹募款项,黄兴负责领导起义"似乎并无"会议的决定",反而有为孙中山对革命的贡献进行解释之嫌。[②] 电影对革命党人的群体性塑造也流于表面,一方面浓墨重彩地通过对青春美好的黄花岗烈士的摧残造成悲剧性的叙事效果,但并未充分展现更多革命者投身革命的复杂性,比如两湖、江浙不同地域的骨干力量;另一方面则是将革命党人看成一个围绕在孙中山周围为共同信念甘愿赴死的整体,对于其内部的不同意见甚至对于

① 电影画面与《武汉军民欢迎黄兴的宣传画》高度一致,特别是上书"黄兴到"的大旗,参见杨天石、谭徐峰:《辛亥革命的影像记忆》,中国人民大学出版社2011年版,第175页。

② 虽然有"孙氏理想,黄氏实行"的美谈,但在促成华兴会与兴中会联合的过程中黄兴起到了特别重要的作用,且与孙中山的合作是建立在共同的思想基础上的,参见方志钦:《论孙中山和黄兴的关系》,载金冲及选编:《辛亥革命研究论文集》,生活·读书·新知三联书店2011年版,第725-726页。

反对孙中山的意见都未能触及。这样的革命党人群像更具浪漫主义的感染力，却丧失了其本身的历史感。

革命党中的女性先驱。辛亥革命前后的若干女性一直是相关电影的主要关注点所在，比如以秋瑾的生平事迹为主题的电影有屠光启执导的《秋瑾》（1953）、谢晋执导的《秋瑾》（1983）以及香港地区邱礼涛执导的《竞雄女侠：秋瑾》（2011），以林觉民及其夫人为选题的电影有卜万苍执导的《碧血黄花》（1954）以及台湾地区丁善玺执导的《碧血黄花》（1980）。电影《辛亥革命》试图展示革命进程，因而涉及较多的女性角色，而革命党人一方的女性角色为人所熟知且着墨较多的有代表革命烈士的秋瑾、代表烈士家属的陈意映，以及作为革命者伴侣的徐宗汉。前两者本就是常被搬上荧幕或以其他方式被广为演绎的人物，因此在电影中有着明确的定位，即为牺牲注脚。电影开篇就是秋瑾轩亭口就义，在屠刀下落、鲜血飞溅中出现"辛亥革命"片名之前，她戴着镣铐走在带着些许神圣意味的光晕中，面色从容安详，影片最后陈意映在陈觉民牺牲后拿到孙中山等人送来的《与妻书》时也身着浅色衣衫身处明亮洁净的屋子，秋瑾面对监刑官手中自己和孩子的照片、陈意映将《与妻书》拿在孩子手里，既是对二位女性身份的强调，也是对牺牲之价值的进一步解释，牺牲"是为所有的孩子"。除秋瑾外，电影中另一可谓革命先驱的女性徐宗汉的塑造则更值得玩味。徐宗汉本是同盟会员和女权运动先驱，后与黄兴结合，[①] 而电影中则更多地将她塑造为黄兴的革命伴侣，二者是志同道合与男女之爱的"革命者的爱情"，在革命的危急关头更凸显二者的精神契合。尽管电影中闪现了徐宗汉运送武器弹药救

---

① 陈恒才、杨彦华：《"香山女侠"徐宗汉的英雄一生》，载《中山日报》2010 年 4 月 21 日。

护伤员的场景，但更多的是浪漫化地表现她对黄兴以及一众革命者安危的担心、对牺牲者的惋惜和悲伤，因此，她是相较于男性更为情绪化的角色，这既是影片创作者想要凸显又是观众也易于接受的性别特质。而实际上，辛亥革命前后，追求进步的女性革命先驱不仅积极投身革命，甚至亲自参加武装斗争，就她们对于革命的贡献而言，她们的历史角色并非仅限于革命者的伴侣抑或支持者、救助者。据学者不完全统计，1901—1911 年，参加革命活动而又见于记载的妇女有 400 多人，其中女同盟会员近 200 人，有姓名可考者 105 人。[1] 光复军女子北伐队的留影亦可谓一例证。[2]

电影用浪漫化的手法表现革命者，意在通过他们的青春、他们的情感体现鲜活的生命，而这生命都义无反顾地投入更伟大的革命事业之中，最终留在历史记忆中的将不再是革命者的生平事迹，而是他们的精神气质。

（二）革命之成功：各方势力的角力与妥协

李大钊曾指出："平心论之，清室非有凶暴之君。"[3] 革命的发生，绝不是某一个因素造成的，而是各种问题的总爆发。[4] 在诸多因素之中，最具说服力的因素则主要是以下两个：一个是极端深重的民族危机；另一个是统治中国的清政府不得人心。[5] 电影《辛亥革命》在自广州起义前后至孙中山辞去临时大总统之职的时间

---

① 徐静：《辛亥革命时期的妇女解放运动》，载《巴蜀史志》2013 年第 6 期。

② 杨天石、谭徐峰：《辛亥革命的影像记忆》，中国人民大学出版社 2011 年版，第 212 页。

③ 李大钊：《政治对抗力之养成》（1914 年 11 月），载李大钊研究会编：《李大钊选集》（第 1 卷），人民出版社 2006 年版，第 104 页。

④ 王笛：《清末新政与辛亥革命的关系再思考》，载《华中师范大学学报》2021 年第 5 期。

⑤ 金冲及：《辛亥革命的历史定位》，载《人民日报》2011 年 9 月 7 日。

跨度内，并未呈现清王朝最后十年并非毫无成就的改革，重点刻画的是作为革命反派的皇亲贵胄们腐朽无能、贪生怕死，窃取了革命果实的袁世凯的养敌自重、野心勃勃，还有为表现革命未能动员大众而出现在电影中的若干麻木冷漠的群众。

清王朝的腐朽与无能。电影未交代的历史背景是，光绪皇帝、慈禧相继离世，袁世凯被放逐，清末政局陷入了新一轮的统治困境：隆裕太后、摄政王载沣政治经验和手腕不能与慈禧和庆王相较，让袁世凯"回籍养疴"又对其旧部加以裁撤这一收拢权力的举措更使清王朝的统治进一步分崩离析。正是这种困境在全国形成"土崩之势"，造就了革命形势。《辛亥革命》也不能免俗地采用一般的影像表达擅用的革命派与革命反派黑白分明的对比，通过革命反派的腐朽反衬革命的正当的叙述方式。如果说电影《辛亥革命》对革命者的塑造上较为浪漫化的话，那么对于满清亲贵的展现则更生活化。几场讨论重要事宜的戏都置于生活场景之中：在讨论向四国银行团贷款、派谁弹压保路运动等问题上，隆裕太后在被宫女伺候试选新衣、小皇帝则戏弄大臣以表现妇孺当政的荒唐。清王朝的大臣们聚在一起议论朝政时往往是各怀心思，互不相让，更是为隆裕太后设计了以下台词："就不能说些我不知道的吗？""拣要紧的说。""自己的事儿还是让家里人来担当。""这家要不是咱当了，还要什么国。"用以凸显统治集团的落后、狭隘与自私。诸多清朝大臣尽管有名有姓并予以特别标注以显示其历史原型，但实际上他们的面貌却是笼统而模糊的，或冲动暴力，或胸有城府，或贪生怕死，腐败无能一语即可概括。比较鲜明的人物之一是审问林觉民的张鸣岐。作为审问者的张鸣岐身穿官服却光线暗淡，林觉民已沾满血污的白色衣裳却在一束光照下更显高尚，林觉民的台词"我选择了死，可是我依然年轻。你虽然苟活，可你已经老了"，在彰显其烈士精神的同时强化了革命与反革命的对比；在林觉民引述孙中山的主张、列举朝廷之无能之后，张鸣岐无奈讲出"本来应该是你审我，现在反倒成了我审你"，又进一步点破审判者的无道与被审判者的崇高之反差。善恶忠奸一目了然本就是近代史叙事的惯常写法，影像叙事则往往更容易落入窠臼。电影《辛亥革命》试图通过生活化的场景和紧扣主题的台词消解对革命反派的标签化理解，更是设计了反对女儿同情革命支持孙中山，却能对孙中山表示"我不同意你的主张，但是我敬重你的胆略"的驻法公使唐维庸，一定意义上表达了另外一种可能性。

袁世凯的野心与手段。夺取胜利果实的袁世凯，因其最后称帝走向失败，落魄离开历史舞台，关于他的历史书写和影像塑造往往不出意外地表现他的野心勃勃、贪恋权力。电影《辛亥革命》中的袁世凯形象，通过其子袁克定在一定意义上表露他本人的权力野心，通过他对冯国璋"兔死狗烹"的劝诫、对汪精卫的假意欣赏等显示出他的谋划与手段。这也符合历史学者对他"养敌自重"这一手段的分析，"就是一方面不让清朝立刻垮台，一方面又防止革命势力立刻取得全胜。他用革命来恐吓清朝：如果清朝不让位给我，那么我袁某人也无法收拾这局面；又用清朝来恐吓革命：如果革命不向我袁世凯妥协，那么我就要支持清朝和你打到底。"① 电影还在前后衔接的情节之中对比孙中山的无私和袁世凯的自私。南北和谈僵持不下之时，袁世凯设家宴犒劳参与和谈的唐绍仪，并在席间问出孙中山是什么样的人这一问题，唐绍仪在列举了章士钊、宫崎滔天、康有为、吴稚晖等人的诸多不同说法之后，回应孙中山以何服众获得大家追随的问题，说他是一个无

① 胡绳：《帝国主义与中国政治》，生活·读书·新知三联书店2012年版，第194页。

私的人。这一回答引来在座的一众人的大笑，袁世凯本人在思忖片刻后也带着嘲笑意味地说："天底下哪有这样的人！"夏虫不可语冰的对话，使二人高下立判。孙中山与革命党人讨论选大总统事宜时毫无私心，直言"只要袁世凯履行约定，当然可以让他作大总统"，以及最后孙中山辞去大总统之时表示"功不必自我成，名不必自我居"。反观袁世凯，则是在得知孙中山就任临时大总统时对于外界传闻孙中山无私的不屑和愤怒，在劝清帝退位时的心机深重，在自己登上大总统之位时的志得意满。着力表现袁世凯的野心和手段，是为谴责其窃取革命果实，这是辛亥革命失败的主因。更值得追问的是，何种情势造就了袁世凯夺取革命果实获得最高权力的条件？除去他本人训练新军培植力量、担任北洋大臣直隶总督等重要职务便于获得帝国主义列强的支持等因素以外，革命党人在武昌首义后各自为政、分崩离析以及南京临时政府财政困难、军事吃紧的处境，都给了袁世凯以机会。孙中山亦感慨："不图革命初成，党人即起异议，谓予所主张者理想太高，不适中国之用；众口铄金，一时风靡，同志之士亦悉惑焉。"[1]

失踪的立宪派与麻木的群众。辛亥革命的重要特点之一即"低烈度"，武昌首义不仅迅速成功，而且得到四方响应，首先是湖南、陕西、江西、山西、云南五省先后宣告独立，其他各省闻风而动，很快形成了革命浪潮。电影中各地纷纷光复的形势通过几个镜头加上字幕即交代过去，一方面确实符合学者对辛亥革命进程的基本判断，毕竟从武昌起义至清帝退位不过 125 天；[2] 另一方面也

---

[1]　孙中山：《建国方略》，载中国社科院近代史研究所编：《孙中山全集》（第6卷），中华书局 2011 年版，第 158 页。

[2]　《辛亥革命："低烈度"与大业绩》，载王建朗、黄克武主编：《两岸新编中国近代史：民国卷》，社会科学文献出版社 2016 年版，第 2 页。

可用以说明旧政权的极端腐朽和无能，在革命的浪潮面前无力抵抗。而产生于辛亥革命之前，参与其中并日渐起到重要作用的立宪派人物在电影中处于失踪失语的状态，加上清王朝的极端无能，这就使革命几乎要成为革命党的独角戏。比如作为国内立宪派领袖人物的张謇，从寄希望于清廷实行宪政转而支持革命，对于壮大革命力量、稳定社会秩序、孤立清王朝是有积极意义的。电影《辛亥革命》中未见立宪派的领袖，颇值得玩味的人物之一则是"被革命党瞅上"的黎元洪。电影在情节设计上，基于事实强调了他被拥到楚望台、以"你们革命党人才济济，要我何用？"进行推脱等情节，而并未如一些回忆录中所言，黎元洪在逃避革命党人被搜出后面色惨白、张皇失措、畏缩舌颤①，同时又略带戏谑地设计了黎元洪嫌弃起义官兵"打的什么仗"、剪辫子后表示"只能无法无天了"的台词。实际上，逼黎元洪起义，对于安定军民人心、各国领事宣布保持中立"得大于失"。② 倒向革命的各路角色粉墨登场才是革命的真实体现，也是在短时间内造成革命浪潮的重要推力。这些人物的"失踪"，表面上增强了电影的主线——推翻清王朝、建立共和国，实际上则是使这一过程过于水到渠成反而削弱了说服力。电影中的群众形象也是麻木而单一的：电影开篇时，秋瑾就义时观刑的人群，男女老幼均面目冷漠甚至还有看热闹般面带微笑者；电影中段，武昌首义后革命军在街头让群众剪辫子时，尚有人痛心疾首；电影进入尾声时，孙中山走进挂着旗帜的空荡荡的礼堂，发表他在电影中的最后一场演讲，此处没有群众簇拥的孤独身影似乎呼应了未能依靠并发动群众是辛亥革命最终

① 李翊东：《书吴醒汉〈武昌起义三日记〉后》，载《辛亥革命武昌首义史料辑录》，湖北人民出版社1981年版，第81页。
② 刘统：《火种：寻找中国复兴之路》，上海人民出版社2020年版，第53页。

失败的重要原因这一论断。

在以革命党为中心的近代中国革命历史书写与影像表达中，往往以革命党人为核心，以多次起义失败受挫到武昌首义至革命成功再到革命果实被窃取为主线铺陈开来，革命的反面无能且一无是处。随着历史视野的更新，学者们意识到在不忽略革命之重要的前提下，更需"将革命置于长期多元发展、曲折角力的历史背景中"。① 历史的影像表达又何尝不需要这样的视野以拓展叙事的空间。

（三）革命之为何：电影与电影之外

2011 年出品的电影《辛亥革命》是纪念辛亥革命一百周年的献礼，创作电影剧本的王兴东表示，"我们有责任通过电影创作再现这场改变中国命运的伟大革命"，并且将写入宪法的论断作为剧本创作的主题和核心。② 因此，电影试图宣教式地表达"革命为何"的主题。

流水账式的革命叙事。电影主创通过《血染黄花岗》《武昌城首义》《阳夏保卫战》《创建共和制》四部分完成剧本故事。在剧本转化为影像叙事的过程中，出现了如教科书般的"记流水账"现象。影像叙事与"记流水账"的根本区别在于事件组织上，电影删除了剧本对重要事件的铺叙，原本处于纵深运动、起伏跌宕的情节线只剩下了孤立的结果，成为一个个被时间串联起来的"点"，由此造成了"记流水账"的现象。③ 除了对剧本的删减造

① 王建朗、黄克武主编：《两岸新编中国近代史：民国卷》，社会科学文献出版社 2016 年版，序言第 9 页。
② 王东兴：《剧本，一剧之本——电影文学剧本〈辛亥革命〉创作谈》，载《文艺争鸣》2011 年第 4 期。
③ 陈林侠：《无处发声的中国编剧——以〈辛亥革命〉剧本与电影比较为核心》，载《艺术评论》2013 年第 2 期。

成流水账式叙事以外，电影对历史事件的背景交代以及事件之间的起承转合常见的是借助老照片加字幕的闪现，或者是新拍摄素材的做旧定格以凸显其历史感，交代一些不容易引起情感共鸣的宏大叙事和历史论断。比如电影片头，大量援引真实的黑白历史照片，配以红色字幕，在照片轮换中字幕迟迟不换，无声强调了字幕的内容："自一八四零年鸦片战争始，中国逐步沦为半殖民地半封建社会"，"以孙中山先生为代表的革命党人……英勇悲壮地实践"。这一处理方式使电影本身如同历史教科书一般，率先展开的历史画卷即明确标示出主题与结论，体现出电影本身所承担的社会功能，即要以更形象、更有效的方式把已经为历史教科书所认定的历史真相传播于大众，不能全然迎合大众审美口味。此外，电影字幕语言在整体上脱离了提供娱乐化的情感消费需要，更着重通过影像传达一种时间、地点、人物姓名以及角色标签所共同构成的历史认识。比如由"广州起义失败，革命烽火不息"引入武昌首义，由"炸弹意外爆炸致使原定起义计划暴露"交代武昌首义的偶然性背景，强化对革命必然发生、胜利水到渠成的基本结论；电影结尾处更是用人民英雄纪念碑上的浮雕配以对辛亥革命的成功与失败的评价，强化对辛亥革命意义的基本认识。如果说"集体记忆简化了历史；它从一个单一的确定视角看待事件"，①那么电影《辛亥革命》应该说如教科书一般很好地实现了塑造观众集体记忆的功能。

关于"革命"的电影演讲。辛亥革命作为 20 世纪上半叶接续发生的革命运动的第一场，学界的讨论集中于革命的遗产以及革命与改良的关系，《辛亥革命》则通过不同角色的台词构成一篇关

---

① ［美］彼得·诺维克：《大屠杀与集体记忆》，王志华译，译林出版社 2019 年版，导言第 4 页。

于何为革命以及革命为何的演讲。电影开篇即通过即将赴死的秋瑾点出"革命所为何"主题，并从女革命者的视角给出回答："革命是为给天下人造一个风雨不侵的家，给孩子一个温和宁静的世界"；电影中反复出现的林觉民在受审时更强调革命的合法性，"当今世界列强哪个国家不是通过革命而才强盛的？中国岂能不革命?!"在《与妻书》中则正面回答"革命是替天下人谋永久的幸福"；唐曼柔与孙中山的对话则是在谈革命与牺牲，"死不是革命的目的，革命是为了改变命运，革命是许多年轻人用生命的代价换取让活着的人活得更好"。孙中山作为革命的领袖，更是作为革命的化身在言说革命，他在对海外华侨的演讲中指出："我辈之革命，正是为了让民众获得幸福，为民族争得尊严"；在辞去大总统职务时，他强调革命的目标"就是建立民族独立的国家，创立民国，平均地权"，"就是需要我们毕生为之奋斗的三民主义"；在影片最后的独白中，他更是将革命的意义提升为"让社会进步的理念从此深入人心"，"有了可以追寻的民生幸福"，"让我们这个即将强盛起来的民族不再受列强的侵略和掠夺，不再做任何人的奴隶"，"使中华民族屹立于世界之东方"。电影台词围绕"革命"主题的反复言说，构成了《辛亥革命》如宣讲文本一般的庄重气质，有学者认为这或许是书斋里的知识分子对革命的过度浪漫的想象，[1] 但这既是对这段严肃且急剧变动的历史的尊重，是辛亥前后革命获得正当性的映射，也是电影对"革命"的具象塑造的抽象补充。

未完成的"革命"探索。裴宜理在回望辛亥革命时指出："中国近代史，充斥了各种革命……将所有革命联系起来考虑，一个

---

[1] 洪帆：《〈辛亥革命〉——一次中国知识分子关于革命的浪漫想象》，载《电影艺术》2011 年第 6 期。

不争的事实是，中国始终都在寻求一个新的更为有效而合理的政治制度，它既不同于旧帝制，同时也要反映中国自身需要，并能承继其历史和文化传统。"① 电影《辛亥革命》的最后部分以创立共和制为主要内容，革命果实被袁世凯夺取，孙中山黯然辞职，电影最终落脚于建立制度而非个人，在孙中山将继续为革命奋斗的演讲声中曾经牺牲的烈士又再次闪现在听众人群中，并在最后以这样的片尾字幕结束全片："一百年前爆发的辛亥革命，推翻了清王朝的黑暗统治，结束了中国几千年的君主专制制度，为中国进步打开了闸门，但未能改变中国半殖民地半封建的社会制度和人民的悲惨命运。"这段对辛亥革命盖棺定论的字幕似乎暗示着革命自有后来人，暗示了辛亥之后政治动荡军阀混战的局面将主导中国近现代历史进程和走向的新型政党的诞生。从这一意义上就可以理解，亲历了辛亥革命的毛泽东在《如何研究中共党史》中指出，"革命的准备……实际上是由辛亥革命、五四运动准备的"，"我们研究党史，只从一九二一年起还不能完全说明问题……从辛亥革命说起差不多"。② 也可以理解，与《辛亥革命》同年出品的电影《建党伟业》以举着十八星旗的革命战士登上武昌城头开篇，以辛亥革命作为建党伟业的历史背景。

章开沅在反思辛亥革命时指出，"我们不能把眼光局限于革命，共和的追求不仅限于革命，更多的还得靠后继者的锲而不舍的追求与实践。"③ 辛亥革命拉开了中国完全意义上的近代民族民

① 裴宜理：《中国尚未完成的制度探索》，载余英时等：《不确定的遗产》，九州出版社 2012 年版，第 3 页。
② 毛泽东：《如何研究中共党史》，载《毛泽东文集》（第 2 卷），人民出版社 1993 年版，第 402 页。
③ 章开沅：《辛亥百年遐思》，载余英时等：《不确定的遗产》，九州出版社 2012 年版，第 17 页。

主革命的序幕，其历史意义不容低估。辛亥革命发生 110 多年后，中国仍承载着辛亥革命遗产与影响，因此，对辛亥革命的影像呈现本身不仅是一种献礼，是对当下观众历史记忆的形塑，也是一种在继续探索中的回望和审视。

二、孙中山：影像与形象

孙中山在中国几乎尽人皆知、耳熟能详，在海内外享有盛誉和威望，被誉为 20 世纪站在时代前列的伟大人物。百余年来，从外国友人、传教士、记者和电影人到不同国籍、不同党派以及不同学术背景的史学研究者，以传记、学术专著、记录电影以及国共两党的纪念仪式等方式，不仅使孙中山研究成为一个重要的研究领域，也共同构建了孙中山的形象。关于领袖人物形象的研究中，颇具影响的是文化史家彼得·伯克的《制造路易十四》，他在写完该书 15 年后的中文版序中引用了拍摄《路易十四夺权》（1966）的电影导演的话："电影应该成为同其他手段一样——或许是比其他手段更有价值——的一种撰写历史的手段。"① 关于孙中山的影像呈现、再现和塑造，因其特殊地位从一开始就是政治化的且力求严肃庄重的。电影《孙中山》（1986）既是改革开放新时期传记电影的一个高峰，也是中国大陆第一次在银幕上再现孙中山的一生，更是从革命先驱、英雄人物、历史化身三个维度塑造了以孙中山为代表的革命党人，可谓历史意识与时代精神相结合的经典之作。

（一）革命先驱

孙中山作为 20 世纪革命先驱的形象，既是孙中山矢志革命不

---

① ［英］彼得·伯克：《制造路易十四》，郝名玮译，商务印书馆 2007 年版，第 6 页。

懈奋斗的真实写照，也是将孙中山视为革命象征以宣传和动员革命的必然要求。塑造孙中山革命先驱形象的传记以及影像再现也因此从一开始就带有政治化、历史性的特质。

革命先驱可谓自兴中会时期即开始塑造的孙中山形象的核心。早在1903年，兴中会成员章士钊摘录宫崎滔天的《三十三年落花梦》，将其编译成《大革命家孙逸仙》，并在书中写道："孙逸仙者，近今谈革命之初祖，实行革命之北辰"，"孙逸仙者，非一氏之私号，乃新中国新发现之名词也"，"有孙逸仙，而中国始可为"，"谈兴中国者，不可脱离孙逸仙三字"。① 革命党人还出版孙中山亲自撰写的《伦敦被难记》《孙大总统自述：伦敦被难记》。② 民国建立后直至孙中山逝世，他领导革命、推翻君主专制的历史功绩使其获得盛誉，这一形象也日渐具备了整合革命力量的政治文化功能。早期中国共产党人因亲历辛亥革命或参与国共合作，亦推崇孙中山是"中国民族革命史上继往开来"的人物，"以毕生的精力，把中国民族革命种种运动，疏导整理，溶解联合，以入于普遍的民众革命的正轨"。③

孙中山在世时即产生了对他革命先驱形象的影像记录，这奠定了对孙中山影像再现和形象塑造的叙事基础和纪实品质。辛亥革命初期即加入同盟会的黎民伟追随孙中山先生拍下了若干珍贵的影像，不仅塑造了壮志未酬的革命者的伟大形象，而且为孙中

---

① 中国史学会主编：《辛亥革命》（一），上海人民出版社、上海书店出版社2000年版，第90页。

② 黄宇和曾通过史料考证，认为《伦敦蒙难记》为康德黎代笔，原著序言孙中山也有"吾友写下我心中所想"的说法，参见黄宇和：《孙逸仙伦敦蒙难真相》，上海书店出版社2004年版，第170—171页。

③ 李大钊：《孙中山先生在中国民族革命史上之位置》（1926年3月），载《李大钊全集》（第五卷），人民出版社2006年版，第96、102页。

山形象的影像塑造留存了奠基性素材。明确要"电影救国"的黎民伟在第一次国共合作时期，对孙中山的革命活动以及孙中山逝世及纪念活动进行了跟踪拍摄。他亲自拍摄剪辑过《孙中山就任大总统》《孙中山先生北上》《孙中山先生出殡及追悼之典礼》《孙中山先生陵墓奠基记》等。[①] 他拍摄的素材大部分被编入了大型纪录片《国民革命军陆海空大战记》，上映后在当时就引起了极大的轰动。这些影像底片后毁于战火，散落的残片被编入 1956 年中央新闻电影制片厂出品的纪录片《伟大的孙中山》中，成为后来关于孙中山的纪录片常见的素材。黎民伟拍摄孙中山是"用孙中山的精神来贯穿"，比如在无声电影时代就用孙中山演说录音配合他韶关誓师的镜头，通过在革命活动中揭示人物内心的方式凸显了孙中山的革命精神和革命先驱形象。黎民伟通过记录和塑造孙中山影像和形象的努力，不仅为孙中山的影像档案留下了珍贵的历史资料，更成为通过孙中山的影像与形象宣传革命精神、传播革命思想的先导。

　　尽管电影《孙中山》（1986）主创人员反复强调其不囿于历史的创作基点，但仍以孙中山参与的革命活动的历史史实为主线，着力塑造了孙中山的革命先驱的形象：从医生到革命者的转变，交代孙中山投身革命的初衷；不畏牺牲的不懈奋斗，强调孙中山矢志不渝的革命精神；屡败屡战的革命进程，凸显孙中山作为革命先行者的孤独。电影上集的前半部分主要是通过孙中山的台词反映其决计倾覆清廷的思想转变："我成为一个医生，更多地感触到社会的病态；从事改革的强烈愿望油然而生，使我不得安宁"，点明从医生到革命者的转变；谈到北上投书，"在直隶总督衙门所

---

① 　方方：《中国纪录片发展史》，中国戏剧出版社 2003 年版，第 45－47 页。

受的凌辱、冷遇"，更坚定了他革命的决心"必得改弦易辙!"；在宋耀如家以及海外，他明确表示"和平的手段，无可复施"，要"探求新路"，这一新路就是"造反"，"必得诉之于强迫手段"，"保皇与革命势不两立"。随后的情节走向则重点在革命党人的起义中表现革命先驱者面临一次又一次失败仍然坚定不渝的革命精神，在海外"宣传，筹款，发动武装起义"，在惠州起义、镇南关起义等接连失败后，遭遇曾经捐钱的老板无钱可捐、孙科对起义屡战屡败不解，孙中山仍然坚信"每一次起义，都已经动摇着这座朽败清帝国的房屋的墙基"。辛亥革命胜利后，孙中山回国被记者问到是否携回巨款，笑答"一文莫名。我带回来的只有革命精神!"，这一情节安排既基于史实，又凸显了孙中山屡败屡战的革命精神。① 在与共产国际和中国共产党人的接触中，他重申革命精神："革命党人就应该是肯为主义吃苦牺牲的人"，革命党"应当通过吸收新鲜血液，而保持其旺盛的生命力"；在国民党人对共产党人的加入不理解时，他直言："你们不革命，我不勉强你们。我要革命，你们也不要勉强我。"在北上抵达车站向欢迎的民众讲话时，他喊出了毕生经历凝聚而成的遗言："革命尚未成功，同志仍需努力。"正如章开沅先生在反思辛亥百年强调历史的延续性与复杂性时说，革命并未在孙中山生前"及身而成"，但革命也并未在孙中山身后猝然终止。② 电影中这一系列情节的安排既是在不断强化作为革命先驱的孙中山的精神气质，也是在暗示中国共产党人作为孙中山革命精神的忠实继承者。

---

① 杨天石、谭徐峰：《辛亥革命的影像记忆》，中国人民大学出版社 2011 年版，第246 页。
② 章开沅：《辛亥百年遐思》，载余英时等：《不确定的遗产：哈佛辛亥百年论坛演讲录》，九州出版社 2012 年版，第 16 页。

（二）英雄人物

导演丁荫楠在多年后接受采访回顾他对孙中山以及近现代中国历史的理解时表示，"中华民族能取得今天的辉煌是靠一系列英雄人物大无畏的牺牲和创造来实现的"。① 电影《孙中山》（1986）则从侠义精神般的英雄气概入手，将投身革命以图救亡的革命者的豪情壮志群体化、情景化地展现出来。

电影《孙中山》（1986）在塑造孙中山形象的同时刻画了一众追随孙中山、支持革命的英雄人物，包括郑士良、朱执信以及日本友人宫崎。其中，郑士良的形象尤为立体饱满，让人动容。在日本与革命党人交往时，他洒脱不羁，在街上的水池里洗脸、与友人有说有笑；在筹谋起义时，他痛饮痛哭，表示"活要活得痛快，死要死得壮烈，平生唯有一愿，就要像陆皓东那样死在战场上"；在起义战场上，他胸挂红绣球、挥舞战刀策马冲杀，在浩浩荡荡的清军队伍面前尤显壮烈。导演丁荫楠在影片中毫不避讳地表现孙中山与同盟会员在日本东京娼妓区活动的场面，还特意设计了一场郑士良与日本女性睡觉的戏，就是"想表现这些流亡的党人、志士的确是英雄，他们置生死于度外，性格极豪放，英雄往往是被很多人爱的，他们从不隐瞒自己的观点，也不隐瞒自己的欲望，这种性格获得女孩子们的崇敬、爱慕，也是情理所在"。② 电影中，日本友人宫崎与孙中山在散发着侠道古风的房间里，用中文、日文以及笔激情饱满地高声谈论策动起义的地点与方式；在起义失败后，宫崎慷慨悲歌；孙中山、黄兴、宋教仁等人身穿

---

① 《传记电影的诗品与哲思——访影视导演丁荫楠（采访人：张成）》，载《中国文艺评论》2022 年第 3 期。

② 丁荫楠：《〈孙中山〉导演阐述》，载贺梦凡等：《孙中山：从剧本到影视》，中国电影出版社 1991 年版，第 304－305 页。

泳装在海边搏击海浪。这些设计无不是在展现这些革命者的英雄气概。在塑造朱执信这一被孙中山誉为"革命中之圣人"的形象时，电影不仅在其牺牲时用一个缩小的白色身影在枪声中倒下营造出青山埋忠骨的意境，更是在此前铺垫了孙中山见到朱执信夫人、孩子的场景，感慨："'革命'，这是多么沉重的字眼。……他们也都是普通的男人……却要付出超乎常人所难承受的牺牲……"作为烈士精神之象征且性格豪迈超逸的谭嗣同在其十八岁所作《望海潮》词里自称"有几根侠骨"。① 电影在凸显革命党人的侠骨时，在豪情与悲壮的氛围中，把革命者的壮怀激烈与柔肠百转表现出来，不仅使这群革命党人的形象可敬可爱，更使他们所追随的领袖孙中山有了更为高大伟岸的英雄形象。

孙中山领导革命自始至终呈现了"会党路线"的特征，② 电影创作并未回避这一点，将革命中的会党因素表达得充满侠义气概。一般而言，孙中山领导革命的核心力量为具有初步资产阶级思想和民族主义意识的知识分子和具有中国传统的种族主义思想的会党分子的联盟。③ 孙中山在领导革命的进程中特别注重动员会党力量，这与投身革命之初缺乏阶级基础，只有以素有抗争传统的会

---

① 张灏：《烈士精神与批判意识：谭嗣同思想的分析》，广西师范大学出版社 2004 年版，第 10－11 页。

② 总的来看，革命党人非常重视会党参与革命的潜力，并且始终致力于调动这种力量参与革命。1908 年以后，革命党人对此前以会党为主的革命策略进行了认真的反思。有鉴于会党的散漫，他们提出将工作重心转到新军上面。但是实际上，革命党人打入新军、在军队开展工作，仍然是利用会党途径，联络新军中的会党成员，逐步灌输革命思想，并通过他们在新军内部暗中串联，动员更多士兵和下级军官同情革命乃至直接参加革命。而与此同时，革命党人也没有停止对会党的工作。参见李恭忠、黄云龙：《发现底层：孙中山与清末会党起义》，中国致公出版社 2011 年版，第 34、38－39 页。

③ 金冲及：《辛亥革命的前前后后》，生活·读书·新知三联书店 2021 年版，第 266 页。

党力量为依凭的无奈有较大关系，当然也与孙中山成长和进行社会交往的环境造就的对会党的态度有关。孙中山的家乡香山县三面环海又临近港澳，本身就是会党活动频仍之地，可以说他从小就对会党及其作为民众抗争力量的历史有所了解。及至孙中山青年时期，他先后结识的一些同道好友皆有会党背景，如电影里较为浓墨重彩的郑士良，就是"少有大志，尝从乡中父老练习拳技，颇与邻近绿林豪侠及洪门会党相往还，渐具反清复汉思想……后入博济医院习医……因总理与之志同道合，引为知己。未几，总理转学香港，郑亦辍学归惠州，开设同生药房于淡水墟，专从事联络三合会党，为举事之准备"。① 在电影中不仅对孙中山革命活动涉及的日本、新加坡以及美国檀香山等地以及他接触的三教九流一一展现，同时毫不避讳地再现了颇具会党色彩的仪式，比如兴中会员入会宣誓"倘有二心，神明鉴察"，在旧金山洪门致公堂总堂孙中山跪谢捐款、众首领叩头还礼等。在孙中山加入洪门这一情节的处理上，电影剪辑更是大胆采用"残缺性"结构，设计了两排辉煌的大红蜡烛，叩头、折香、烧誓约，伴随着一问一答的誓词……气氛极富东方神秘色彩，② 通过简洁化的剪辑使这一情节置于英雄人物的豪气干云和壮烈情怀之中，而非封建、落后的神秘主义之上。

20 世纪 80 年代及此前一段时期的传记影片在塑造人物形象时往往通过淡化性别、淡化个人生活突出人物身上的英雄感和历史感。特别是一些电影为尊者讳，将其感情流露作为英雄人物的点

---

① 冯自由：《郑士良事略》，载《革命逸史》（上），金城出版社 2014 年版，第 29 页。
② 冯惠琳、严秀英：《影片〈孙中山〉的剪辑观念》，载贺梦凡等：《孙中山：从剧本到影视》，中国电影出版社 1991 年版，第 354－355 页。

缀，只为凸显其关怀群众（或普通士兵）的伟大人格。电影《孙中山》（1986）则在当时时代背景下颇有突破性地呈现了与他相关的女性角色，在他与女性角色的关系中、在温情与性情中凸显孙中山的英雄形象。研究辛亥革命的学者章开沅先生曾表示，孙中山的大量照片都是过于严肃的，直到他于 2011 年年初在香港孙中山纪念馆看到一张家藏照片，"作为父亲的孙先生两臂伸开，拥抱着两个花季女孩，嘴唇微张，笑容满面，而且笑得那么甜蜜……全部生命都在这一刹那沉浸在妇女温馨的幸福感之中"。① 电影《孙中山》（1986）中设计了孙中山与卢夫人和两个女儿在室内玩耍的片段，可以说在孙中山的形象塑造上与章开沅先生发现的照片有异曲同工之妙。电影对孙中山与宋庆龄的初次见面作了伏笔式的交代，对二人结合也仅用二人见面宋庆龄遵嘱打字接上婚礼场景便告完成，这使得宋庆龄的角色在思想和个性上都不够丰满。然而，在孙中山晚年的一个情节中，他辗转难眠，又凝视镜中衰老憔悴的自己，忧思深重又心烦意乱，对前来试图安抚的宋庆龄情绪失控，烦躁地对宋庆龄说："有谁理解我，连克强都离开我去了，难道让我一个人奋战吗？"有专家认为这场戏属于败笔，特别指出孙中山对宋庆龄发脾气吼叫，处理得不准确，无论年龄差别，还是文化教养等方面，都绝不应该那样。也有学者认为，这种失态更深刻地揭示了孙中山的苦闷，以及痛失知己、知音难觅的孤独和对部下叛离的愤懑。唯其失态，才合乎人之常情，才令人信服。② 这一情节当然有表演者细腻大胆的表演为之增色，更具意义的是孙中山形象背后从树神到塑人的观念变化，在孙中山身上，

① 章开沅：《辛亥百年退思》，载余英时等：《不确定的遗产：哈佛辛亥百年论坛演讲录》，九州出版社 2012 年版，第 22 页。
② 王家龙：《走向自觉和成熟——试评刘文治对孙中山形象的塑造及其意义》，载贺梦凡等：《孙中山：从剧本到影视》，中国电影出版社 1991 年版，第 384–385 页。

不仅有年轻时的英雄豪情，也有英雄垂暮壮志未酬的落寞、遗憾和苦闷，真性情的流露不仅没有让英雄失色，反而让孙中山在革命中遭遇挫折、面对自己的局限性时展现的苦闷孤独获得观众更多的共鸣与同情之理解。

（三）历史化身

《孙中山》（1986）是改革开放新时期首次以强烈的历史意识和艺术追求在电影中塑造作为伟大革命者的孙中山。电影导演在阐述其影片制作构想的美学原则一文中，以导言的方式点明他看待孙中山与历史的方式："如果你熟悉这段历史，请不要按照历史去看这部影片。假若你不熟悉这段历史，那就请你当作历史去看，因为这是历史。"[①] 正是在这种原则指导之下，电影不局限于孙中山个人，而是试图造就一幅历史的画卷，并且把孙中山塑造为近代中国历史的化身。

电影《孙中山》（1986）在构思剧本时就以史实为依据，将孙中山置于近代中国的历史进程中，使孙中山的人生轨迹与近代中国革命历程高度融合。剧本执笔张磊、贺梦凡表示其创作基于大量的、典型的材料，在阅读了国内外出版的大量有关文献资料、回忆录和论著，访问了健在的了解孙中山的老人，考察了孙中山的故乡和他在穗、港、澳活动故址的基础上，他们将孙中山一生所为概括为一个起伏跌宕的半"弧形"："〜"，两个高峰分别为辛亥革命，以及作为国共合作标志性事件的"中国国民党第一次全国代表大会"召开，扶病北上逝世中断了弧形的发展。[②]

---

① 丁荫楠：《〈孙中山〉影片制作构想的美学原则》，载贺梦凡等：《孙中山：从剧本到影视》，中国电影出版社1991年版，第279页。

② 张磊、贺梦凡：《不畏险阻、奋力攀登——〈孙中山传〉创作谈》，载贺梦凡等：《孙中山：从剧本到影视》，中国电影出版社1991年版，第273页。

可以说孙中山弧线的走向与学术界对近代以来中国的资产阶级民主革命进程的基本论断高度一致。电影抛开通过历史事件歌颂伟大人物的历史功绩的惯常手法，以孙中山的心理过程为线索，不仅在电影中体现一种人物角色情绪的累积和思想的发展，更是通过心理过程使孙中山与中国革命历程合而为一，摆脱具体情节与因果关系的束缚反而更便于观众触及"真实"的历史。导演丁荫楠称这种手法为"虚实逆向结合"，观众更多的是处于美的享受和生发出思索与理解后的情感之中，在情感流露和理性判断中潜移默化地接受电影传达的意念。① 丁荫楠在后来的采访中表示，本片能够战胜谢晋导演的杰作《芙蓉镇》获得第 7 届中国电影金鸡奖"最佳导演奖"，就在于评委们认为影片是深厚的历史感与抒情诗意的有机结合，再现了历史，又传达了艺术家的人生感受和对世界的思考，实现了伟人与历史、导演主体意识与历史真实的统一。②

电影《孙中山》（1986）的导演在创作中将孙中山视为应运而生的英雄人物，在"悲剧的高度"将其个人形象与民族的历史高度融合。电影序幕极具冲击力，银幕上出现的是晚年的孙中山，身着中山装，戴着通帽在烈焰的映衬下，他回过头来向后张望着，他的眼睛里流露出一种留恋惜别的神情，似乎很不情愿离去。接下来则是名为"呜咽的中华"的段落，一群清朝末年装束的农民满脸灰尘，表情麻木，眼神无光。在特写、中景、近景、远景之间转换的还有风中飘着的清王朝的龙旗、手执大刀的刽子手、席

① 丁荫楠：《〈孙中山〉影片制作构想的美学原则》，载贺梦凡等：《孙中山：从剧本到影视》，中国电影出版社 1991 年版，第 285 – 286 页。
② 《传记电影的诗品与哲思——访影视导演丁荫楠（采访人：张成）》，载《中国文艺评论》2022 年第 3 期。

子盖着的尸体、蜿蜒的城墙角下清朝行刑队走出刑场以及在落日余晖中远离的隆裕太后的銮驾，伴着这一组镜头鲜明运用的一系列意象，使观众在与老年孙中山的对望之中看到"呜咽的中华"而产生历史的悲壮之感。紧接着就是震慑人心的旁白："历史本身是真实而具体的。可在我的眼睛里，她只是一个朦胧的幻觉，是人们凭借着想象、感觉所引发出来的激情。读了中国的近代史，我只想哭。"① 在电影的叙述中，个人形象与民族历史的高度融合，还体现在孙中山为民族而"牺牲"这一悲剧性的主题上。电影不仅在史实叙述中表现孙中山矢志不渝投身革命事业、孙中山的追随者一个一个牺牲，在对白和旁白中也不断强调这一主题：在筹备广州起义时，孙中山与陆皓东讨论时说，"我似乎感到有一种力量在推动着我，我感到我就是为了这个新的国家而诞生的！"陆皓东则说，"那我就要为这个新的国家而去死"；孙中山与宋庆龄在黄花岗烈士墓前瞻仰墓碑，"凝聚着他和战友们的青春、生命和事业，像一首雄浑的交响乐，回荡着历史的回声"；旁白点明"这赴死的历程是多么痛苦啊！……求得生存是人类的本能，可为了生存又必须赴死。生与死的交替就像呼吸维持着历史的生命"；结尾的旁白"当他即将离去回到来的那个地方去的时候，似乎对于他一切都将重新开始"，更是将孙中山视为历史的必然产物，是历史产生了他这样的革命先驱、英雄人物，而他也必将回到中华民族的历史中去。

电影《孙中山》（1986）体现的是创作者在那个时代对历史和美学的哲思，最终是为了通过孙中山的个人形象使历史照进现实、

---

① 本段中镜头的描述及旁白参见贺梦凡等：《孙中山：从剧本到影视》，中国电影出版社 1991 年版，第 1–99、296 页。

照亮未来。剧本创作者之一张磊本人从事中国近代史研究，在1984 年春按捺不住多年的愿望致信中共广东省委、宣传部和珠江电影制片公司领导，建议把伟大的爱国者、民主革命先驱者孙中山的形象重现于银幕。因为"这位巨人身上所凝聚的爱国主义革命精神和献身热情，依然是社会主义建设新时期所必需的"，"充分表现这种精神，大有助于激发当今中国人民为'四化'事业而献身的爱国热情"。① 这就意味着在孙中山的影像再现和形象塑造中，电影主创人员有着强烈的主观色彩和现实诉求。但这并未影响电影所塑造的人物形象的可靠性与可信度，反而因其主观的思考赋予了电影别样的思想深度。导演丁荫楠明确表示，"热爱传记电影，爱用史诗的叙事方法来拍人物，这是我从学生时代就确立下来的"。在马克思主义艺术理论的学习和苏联文艺的熏陶之下，他的传记电影"都通过一个核心人物来串起历史，以此为前景，进而延展到中华民族和人民群众所形成的巨大力量"。② 这种通过电影进行美学和哲学思考的大格局本身就是 20 世纪 80 年代特有的精神气质，是转型时代艺术创作者的家国情怀和社会责任的体现。由此也就可以理解电影中历史叙事的残缺、独立意象的拼合、视觉和心理的情绪累积，这些渗透着主观因素的电影叙事手法使得孙中山与中华民族的历史深度融合、电影主创对历史与时代的理性思考构成观众以及后来者的精神养料。

孙中山作为对中国社会发展产生过重大影响的历史人物，领导近代中国的民族民主革命、推翻君主专制、建立中华民国及推

---

① 张磊、贺梦凡：《不畏险阻、奋力攀登——〈孙中山传〉创作谈》，载贺梦凡等：《孙中山：从剧本到影视》，中国电影出版社 1991 年版，第 270、273 页。

② 《传记电影的诗品与哲思——访影视导演丁荫楠（采访人：张成）》，载《中国文艺评论》2022 第 3 期。

进中国现代化进程的卓越功绩，赢得了海内外的广泛赞誉。他的形象塑造不仅成为历史的一部分，也使他本身成为具有增强国家统一认同的政治和文化功能的符号。作为符号的孙中山形象，其内涵会随着社会的变迁发生某些调整和转变，电影《孙中山》（1986）恰好是 20 世纪 80 年代对此认知的很好例证。

第四章 献礼剧的历史真实与艺术真实

教学目标

本章的核心内容是分析献礼剧的历史真实与艺术真实，讲授新文化运动和五四运动的发生以及中国共产党的诞生，在分析民族觉醒的基础上引导青年学生思考个人与国家命运的关系，思考如何在新的时代条件下继承和发扬五四精神，成为爱国的奋斗者。

作品分析

本章所要分析的影像作品是引发广泛热议的现象级献礼电视剧《觉醒年代》，一是通过分析启蒙者与探路人的时代群像，探讨新文化运动中的思想启蒙与民族觉醒这一主题；二是通过分析影像表达，探讨本剧如何构建历史叙述，在与当下青年人产生情感共鸣的基础上展现中国共产党诞生的理论逻辑。

　　近年来，伴随着《新青年》杂志创刊百年、"新文化运动"百年、"五四运动"百年以及建党百年的持续纪念，相关讨论与阐释将百余年前中华民族的觉醒这一议题引入学界。电视剧《觉醒年代》的热播又以影像化的叙事将这一议题带入大众视野。该剧的播出不仅在青年人中获得广泛共鸣，而且引发了一系列的外溢现象，比如关于《觉醒年代》的热搜持续时间之长堪称现象级，剧集播出后有人自发到龙华烈士陵园献花、合肥的"延乔路"意外走红，该剧的衍生作品话剧、音乐剧也广受大众欢迎，学界对该剧及其溢出效应的探讨持续至今。① 因该剧在青年学生群体中受到追捧并持续走红且与高校思政课具有高度的契合性，已有学者探讨如何将该剧融入首都高校思政课。② 在此笔者更为关注影像的历史表达，在情感共鸣中引导学生探求中国共产党诞生的历史逻辑。如《觉醒年代》编剧龙平平所说，剧本要回答的就是中国共产党是怎么来的，以及中国为什么会找到马克思主义、为什么要选择

---

① 比如朱莉、陈思航、卜净：《〈觉醒年代〉中的亚东图书馆上海旧址考据》，载《中国出版史研究》2023 年第 4 期；毛尖：《"时代的命"：主旋律影视剧"破圈"的文化逻辑》，载《文化纵横》2021 年第 3 期。

② 武潇斐：《〈觉醒年代〉融入首都高校思政课的依据、内容与路径》，载《北京教育（德育）》2023 年第 10 期。

走俄国人的道路?① 因此他在作品中将真实的历史人物分为两条线：一条以《新青年》"三驾马车"陈独秀、李大钊、胡适从相识、相知到走上不同人生道路的传奇故事为基本叙事线，李大钊与陈独秀是从分到合，胡适与陈独秀、李大钊是从合到分；另一条以陈延年、陈乔年、毛泽东、邓中夏、赵世炎、周恩来等革命青年追求真理的坎坷经历为辅助线。② 从这些启蒙者与探路者的上下求索切入，我们可以更好地理解民族的觉醒，以及在民族觉醒中中国共产党的应运而生。

一、思想启蒙："造就一代新人"

不同于以往关于建党题材的文艺作品围绕中共一大展开的叙事方式，《觉醒年代》讲述从 1915 年到 1921 年，从"二十一条"签订到中国共产党诞生这 6 年间的历史进程，把叙事的重点放在民族的"觉醒"。这其中起到先锋作用的知识分子群像不仅鲜活，而且真实可信。

《觉醒年代》将陈独秀作为与李大钊并列的两大主角之一，"第一次充分地、艺术地再现了陈独秀在新文化运动、五四运动和中国共产党创建这三大历史事件中作出的重要贡献"③。对陈独秀的评价，随着国共合作的大革命的失败变得毁誉参半，且重点在于评判其对大革命失败所负责任。中共八七会议作出的《中国共产党中央执行委员会告全党党员书》以党内政治文献的方式将中共中央在大革命失败中的责任认定为"右倾机会主义"，该文件在

---

① 王桂环：《用艺术精品宣传研究党史的一次尝试——访〈觉醒年代〉编剧龙平平》，载《北京党史》2021 年第 3 期。

② 龙平平：《觉醒年代》，安徽人民出版社 2022 年版，封底。

③ 王桂环：《用艺术精品宣传研究党史的一次尝试——访〈觉醒年代〉编剧龙平平》，载《北京党史》2021 年第 3 期。

党内产生了较为深远的影响。此后，1945 年中共六届七中全会通过的《关于若干历史问题的决议》称"党内以陈独秀为代表的右倾思想，发展为投降主义路线，在党的领导机关中占了统治地位"；1981 年中共十一届六中全会通过的《关于建国以来党的若干历史问题的决议》称"陈独秀右倾投降主义的领导……致使革命在强大敌人的突然袭击下遭到惨重失败"。20 世纪八九十年代以来，学界在陈独秀生平及著作、陈独秀与新文化运动、陈独秀与中国共产党的创建、陈独秀与共产国际、陈独秀与托派的关系以及陈独秀的晚年思想、陈独秀的拼音文字学研究等问题上均有所推进。特别是陈独秀在大革命失败的责任上，中共中央党史研究室 2002 年出版的《中国共产党历史》（第一卷）中结论为，中国共产党的领导机关犯了"以陈独秀为代表的右倾机会主义错误"，并且较为中肯地指出了共产国际的错误领导对国共合作的大革命失败负有直接责任。① 2019 年，中共中央党史和文献研究院第二研究部发表了《纪念陈独秀诞辰一百四十周年》，文章全面评价陈独秀是新文化运动的精神领袖、五四运动的总司令、马克思主义的主要传播者和中国共产党的主要创始人、中国共产党早期的主要领导人，"是那个时代站在中华民族和世界进步潮流前列的人物，对推动中国历史前进作出过重要贡献"，"是中国近代史上特别是中国共产党早期历史上的杰出人物"，并且指出，"今天讲陈独秀，就要把他放在其所处时代和社会的历史条件下去分析，放在历史发展过程中全面认识"。② 可以说《觉醒年代》中的陈独秀之所以

---

① 中共中央党史研究室：《中国共产党的历史》（第一卷），中共党史出版社 2002 年版，第 201－202 页。
② 中共中央党史和文献研究院第二研究部：《纪念陈独秀诞辰一百四十周年》，载《中共党史研究》2019 年第 10 期。

"出圈"，且位列青年观众印象最深的十名电视剧角色之首，[1] 不仅因为导演及表演者塑造角色时通过若干的细节和情绪使其个性鲜明、可敬可爱，更重要的是如剧本作者在访谈中所言，"关键在敢不敢、能不能把陈独秀的历史贡献讲清楚"。[2] 剧本创作所秉持的实事求是的态度和正确的历史观令青年观众对剧集信服，进而由衷欣赏这一复杂的历史人物。

《觉醒年代》中浓墨重彩地塑造了走在时代前列的先进知识分子形象，他们构成了试图从思想上唤醒国民的启蒙者群体。剧集力争在历史文献的基础上塑造陈独秀、李大钊、鲁迅等经典形象，比如在设计陈独秀与李大钊的同志友谊时，基本做到了有文献可依据：在日本相识，起源于陈独秀发表的《爱国心与自觉心》提出"国不足爱，国亡不足惧"这一引起争议的观点[3]，李大钊则以《厌世心与自觉心》作为回应；二人各自的名篇《敬告青年》及《青春》也成为推动新文化运动的重要佐证；李大钊的《欢迎独秀出狱》不仅是营救因散发《北京市民宣言》的陈独秀的见证，更是二人斗争精神的共鸣。剧中的鲁迅则更是基于回忆及小说等文学性史料进行了合理的、戏剧化的处理。比如，剧中明确他加入《新青年》源于钱玄同的劝说，"叫醒几个沉睡的人，一起打破铁屋子"即来源于他在《呐喊·自序》中的回忆[4]；陈独秀出狱后，鲁迅主张将《新青年》由胡适交还给陈独秀，鲁迅对周作人形容

---

① 中央广播电视总台影视剧纪录片中心、中央广播电视总台创新发展研究中心主编：《2021 中国电视剧发展报告》，中国国际广播出版社 2022 年版，第 96 – 102 页。

② 王桂环：《用艺术精品宣传研究党史的一次尝试——访〈觉醒年代〉编剧龙平平》，载《北京党史》2021 年第 3 期。

③ 陈独秀：《爱国心与自觉心》（1914 年 11 月），载《陈独秀著作选编》（第 1 卷），上海人民出版社 2009 年版，第 146 – 150 页。

④ 鲁迅：《呐喊·自序》，载《鲁迅全集》（第 1 卷），人民文学出版社 2005 年版，第 440 页。

胡适与陈独秀："假如将韬略比作一间仓库罢，独秀先生的外面竖一面大旗，大书道：'内皆武器，来者小心！'但那门却开着的，里面有几支枪，几把刀，一目了然，用不着提防。适之先生的是紧紧的关着门，门上粘一条小纸条道：'内无武器，请勿疑虑。'这自然可以是真的，但有些人——至少是我这样的人——有时总不免要侧着头想一想。"这大段评价源自鲁迅为悼念刘半农而作的回忆性散文，虽为十几年后的事后回忆却通过周氏兄弟形象的点评呈现了陈独秀与胡适的不同个性及形象。① 此外，鲁迅更贡献了剧集的若干名场面：一是鲁迅的出场，以北京街头群众争相围观"砍头"为背景，还特意安排了一妇人冲出人群捧着蘸血的馒头，大喊着"我儿子有救了"这一明显化用小说《药》中的情节；二是在沉郁的音乐背景下，在闪回的人血馒头、石碑雕刻中，鲁迅因表亲阮久荪触发，眼含泪光笔尖颤抖着完成作品后仰面躺倒在一地书稿中，使创作《狂人日记》有了更丰满且极具戏剧张力的呈现；三是鲁迅因张勋复辟愤然离职，暂避船板胡同新华旅馆的情节则更具冲突性，在剧集中鲁迅拿着上书"不干了！"几个大字的板子来到教育部门口表明立场，不仅接续了与蔡元培的会面，更造就了被青年人追捧的鲜明形象。《觉醒年代》可谓使得书写了文字的作者、文字所书写的启蒙者有了更可信的面貌。

《觉醒年代》塑造的启蒙者，因其他群体的参照与争论才更显其坚定。觉醒年代不仅在于先进知识分子的"觉醒"，更在于对于辛亥革命后所建共和的失望及对中华民族向何处去进行探寻的"年代"。整部剧把启蒙者这一群体放置于历史的参照系当中，既没有矮化和脸谱化对立面，对于不同意见的争论也处理得合乎历

---

① 鲁迅：《忆刘半农君》，载《鲁迅全集》（第6卷），人民文学出版社2005年版，第74页。

史情景和人物个性。正如余英时所言，"'五四'时代新文化、新思想的倡导者如陈独秀、胡适、钱玄同、鲁迅……这些人都出身于中国旧传统，对中国的旧学问都有相当的造诣"，"在这些人的青年时代，对他们思想最有影响的则是严复、康有为、谭嗣同、梁启超、章炳麟一辈人"。因此，可以说"五四"一代知识分子与此前的清末一代有着承继关系，正是清末一代开风气之先，"不但五四运动打破传统偶像的一般风气颇导源于清末今古文之争，而且它的许多反传统的议论也是直接从康、章诸人发展出来的"。①《觉醒年代》剧集中梁启超并未出现、康有为则成为被唾弃的保皇党，且成为陈独秀、黄侃等人口中提到的人物，但不可忽视的是这背后的思想延续性。陈平原更是称"新文化"能够"运动"起来，在于"两代人的合力"。② 另外，"觉醒"也是在不同阵营和群体的对话与争论中实现的。《新青年》"三驾马车"陈独秀、李大钊、胡适虽同属新文化与新思想的阵营，却从志同道合到分道扬镳。剧集中的胡适温和斯文、陈独秀执着不羁，正如余英时所观察到的个性差异："胡适……所见较陈独秀为亲切"、陈独秀则"观察力敏锐"，两人在态度的激进与稳重上也不同，胡适原本预想白话文运动"总得有二十五至三十年的长期斗争"、陈独秀则有"必不容反对者有讨论之余地"的气概。③ 剧集更侧重了启蒙者群体内部的思想分化，正如胡适后来所言，"以后中国共产党的创立

---

① 余英时：《现代危机与思想人物》，生活·读书·新知三联书店 2012 年版，第 59－61 页。

② 实际上陈独秀、毛泽东都在回忆性文字中谈到康梁对自己青年时期思想上的影响，陈平原更是注意到鲁迅与章太炎之间的接续关系。参见陈平原：《"新文化"如何"运动"——关于"两代人的合力"》，载《中国文化》2015 年秋季号。

③ 余英时：《中国近代思想史上的胡适》，载胡颂平编：《胡适之先生年谱长编初稿》（第 1 册），联经出版事业有限公司 1990 年版，第 24 页。

及后来中国思想的左倾，《新青年》的分化……实开后来十余年的政治与思想的分野"。① 此外，作为启蒙者群体的对立面，林纾、辜鸿铭、黄侃和刘师培并未因其在反对新文化的阵营而被矮化。特别是堪称"北大一景"的辜鸿铭，剧集戏谑地展现他梳着辫子、身后随时跟着佣人服侍的迂腐做派，但也兼顾表现了他的博学睿智和民族情感。剧中辜鸿铭"在我们中国人身上，有其他任何民族都没有的、难以言喻的东西，那就是温良。温良不是温顺，更不是懦弱，温良是一种力量"的台词，不仅成为该人物出圈的点睛之笔，凸显了中国文化的价值，更是体现了剧本在价值传导上的良苦用心，龙平平在《觉醒年代》播完那天在朋友圈发的两句感慨之一即"温良宽容是中国人的天性"。②

《觉醒年代》的启蒙者与同一时代背景下的其他群体尽管主张阵营不同，又有分化，但他们同样是历史发展的推动者和参与者。正是这群人所代表的思想、理念和伦理等的引入、对话与争论，在此消彼长和相互影响中扭结成推动历史发展的力量。

二、探寻新路："以青春之我创建青春之国家"

《觉醒年代》讲述了1915—1921年的历史，要讲清楚"中国共产党的建立客观地存在着从北大红楼到上海石库门和嘉兴红船这样一个历史发展过程。"③ 在民族危亡的历史阶段艰难探索探寻

---

① 《胡适致汤尔和（稿）》（1935年12月23日），载《胡适来往书信选》（中册），中华书局1979年版，第281—282页；罗志田：《道出于二：过渡时代的新旧之争》，北京师范大学出版社2014年版，第122页。

② 王桂环：《用艺术精品宣传研究党史的一次尝试——访〈觉醒年代〉编剧龙平平》，载《北京党史》2021年第3期。

③ 王桂环：《用艺术精品宣传研究党史的一次尝试——访〈觉醒年代〉编剧龙平平》，载《北京党史》2021年第3期。

新路的主要群体可以说是两个：一个是作为剧本另一条线索的陈延年、陈乔年、毛泽东、邓中夏、赵世炎、周恩来等充满理想、激情奋进的青年，另一个则是堪称历史主体的以葛树贵为代表的劳工群体。

陈延年可谓《觉醒年代》剧集中最为出圈的青年角色，从他身上可以看到这一阶段探求新路的有志青年思想转变和坚定信仰的历程。"许多中国共产主义运动的领袖在成为马克思主义者之前，都经历过无政府主义的阶段。"[1] 剧中的刘师培可谓辛亥革命后中国无政府主义运动的奠基人，他比较系统地介绍了克鲁泡特金的无政府共产主义，并且组织了无政府共产主义同志社。到了五四新文化运动时期，无政府主义思想在一些有志于革命的青年学生中产生了一定的影响，且一定意义上助益了批判封建专制、进行社会革命。《觉醒年代》中的陈延年等人则是因与吴稚晖的接触而受到无政府主义的影响。实际上他与无政府主义的关联更早体现于他对无政府主义者刘师复的推崇，例证是他在《进化》第一卷第三期上撰文《为什么我们要发刊"师复纪念号"呢?》宣扬刘师复反对旧文化、旧传统的精神。另外，陈延年、陈乔年筹划赴法国勤工俭学，而该项目来源于无政府主义者李石曾在法国设立的豆腐公司，留学所需的担保则是找到了吴稚晖。[2] 陈延年等人组织的工读互助团也是无政府主义等思潮影响之下探寻新路的一种尝试。在剧集中，陈延年、陈乔年尤其推崇俄国无政府主义理论家克鲁泡特金的《互助论》，其基本立场是反对一切统治和权

---

① ［美］阿里夫·德里克：《中国革命中的无政府主义》，孙宜学译，广西师范大学出版社 2006 年版，第 2 页。

② 朱洪：《一门三杰：陈独秀和他的两个儿子》，人民出版社 2018 年版，第 34、38、39 页。

威，提倡个体之间的互助关系，关注个体的自由和平等，提倡半工半读、经济独立、财产共有。[①] 北京工读互助团成立最早、规模和影响最大，尽管不久即解散，但经过这一尝试，其中一些人接受了马克思主义走上了革命道路。陈延年、陈乔年则是在法国由无政府主义转向马克思主义的。在法国，他们接触到了马克思主义，逐渐意识到无政府主义虽然破坏了一个旧世界，却没有建立一个新世界，在阅读了法国共产党印刷的《共产党宣言》《空想社会主义和科学社会主义》等小册子后，于 1922 年秋天，经法国共产党党员、越南马克思主义者阮爱国（胡志明）介绍，加入了法国共产党。[②] 此后，陈延年在旅欧中国少年共产党组织中积极活动，并公开发表反对无政府主义的文章。陈延年的思想历程颇具代表性地展现了以救国为己任、立志进行社会革命的进步青年如何在新文化运动的大潮中受到无政府主义等思潮的影响，最终又清晰地认识到马克思主义的科学性并坚定地确立自己的人生信仰，不仅加入共产党组织，并且积极投身于马克思主义的宣传之中。这些人是早期中国共产党人的重要组成部分。

《觉醒年代》剧集通过积极探寻新路的青年学生形象展现出独特的积极昂扬的青春气息，这是该剧获得青年观众共鸣和认可的重要因素，也是剧本创作者意图所在。剧本创作者龙平平曾表示："我曾经在大学生和研究生中做过调研，几乎没有人知道赵世炎、邓中夏、陈延年、陈乔年、蔡和森、何孟雄。他们都是最早的一

[①] 五四运动前后在北京、上海等地都先后组织了工读互助团，不仅克鲁泡特金的《互助论》是其理论来源，空想社会主义的新村组织、托尔斯泰的泛劳动主义思想也对其产生了影响。参见张允侯、殷叙彝、洪清祥、王云开：《五四时期的社团》（二），生活·读书·新知三联书店 1979 年版，第 366 页。

[②] 朱洪：《一门三杰：陈独秀和他的两个儿子》，人民出版社 2018 年版，第 59 - 63 页。

批共产党员，20多岁、30多岁就慷慨赴死了。""他们个个都是志存高远、才华横溢的精英，为了追求真理，为了拯救中国，不惜慷慨赴死、从容就义。他们理应成为今天青年的偶像。"① 剧集并没有狭隘且表面化地理解"青春"，将"青春"等同于用年轻形象讲青春疼痛，把革命历史题材肤浅地理解为过去时空的青春偶像剧，而是通过影像手法凸显厚重历史背景下不畏艰难、不怕牺牲的青春气息。剧集两次给人留下深刻印象的场景都采用了蒙太奇的手法：一是毛泽东的出场，二是陈延年牺牲。毛泽东的出场从脚重重地踏出水花开始，街道上有普通商贩、劳苦大众，也有骑马的军人和坐车的富家子，他在如照片一般直观却又典型性地展现着阴沉压抑的旧中国的街景中，逆流而上，与所有人反向而行，怀抱着《新青年》不断奔跑，这不仅象征性地赋予了毛泽东挽救民族危亡的历史使命，更表现着他这一代青年在逆境中的拼搏与奋斗。正如剧本创作者龙平平在接受《解放日报·上观新闻》访谈时所言，《觉醒年代》中最想写、最推崇的就是陈延年，"在我心里，他就是毛泽东同志所说的'纯粹的人'。"② 剧集最为动人的一组镜头，莫过于陈延年、陈乔年意气风发、气宇轩昂前往法国留学，以及数年之后两兄弟伤痕累累戴着镣铐走上刑场的场景，就义前兄弟俩回头灿烂微笑仿佛是从旧中国望向今日中国。这组镜头不仅作为物料在各视频平台广泛传播，并且成功被采纳进纪录片。③ 陈延年、陈乔年的形象也从剧集中产生了外溢效果，以两位

---

① 龙平平：《觉醒年代》，安徽人民出版社2022年版，封底。

② 《〈觉醒年代〉作者龙平平：我不认可陈独秀、陈延年、陈乔年父子三人是冤家对头》，https://www.jfdaily.com/news/detail? id=410358，最后访问日期：2024年1月30日。

③ 《国家记忆》2022年5月30日的节目即以《觉醒兄弟：陈延年陈乔年》为题，不仅题目源自《觉醒年代》，而且在片中大量引用了《觉醒年代》的镜头。

烈士命名的"延乔路"成了一个象征性的纪念空间，微博上"延乔路"的尽头是"繁华大道"等相关话题不断冲上热搜，市民自发献花留言纪念、少先队员乃至一些单位的党员对延乔路路牌敬礼、宣誓、举行仪式。① 剧集中的青春奋发也由历史照射进了现实。

《觉醒年代》中觉醒的知识分子进步青年探寻新路还在于积极与劳工大众相结合。劳工大众的群体形象在剧中反复出现，比如陈延年、陈乔年出场就是在驮货，身后都是苦难的驮货工人；剧集中与李大钊相交的葛树贵的出场虽略有争议，却点出了"穷人不是跪着的命"这一阶级政治的主题。剧集中的陶然亭公园因陈独秀冒雪出门与钱玄同、刘半农相聚而成就了具有古典美感的名场面，而陶然亭又恰是觉悟社等进步青年团体座谈商议"改造联合"的地点，这些团体在后来的《改造联合宣言》中喊出了"到民间去！"的口号，这一口号的提出标志着到工农群众中去成为觉醒的知识分子探求的一条新路。李大钊于 1919 年 9 月的《新青年》上刊出了《我的马克思主义观》，于 1920 年年初在北京组织成立马克思学说的研究会，"开始是利用从北大图书馆借来的一部分马克思、恩格斯和列宁的著作以及与此有关的一些书籍，分别阅读。不懂外文的同志，则请通晓外文者帮助他们。再过一个时期，又筹集资金，买了一批书籍"。② 至 1920 年下半年，投身工人中间在这些觉醒的知识分子和青年学生中形成热潮。《觉醒年代》中李大钊与葛树贵的交往并不是简单的启蒙者与被启蒙者的单向

---

① 袁梦倩：《建构作为纪念空间的"延乔路"：内容策展、互动仪式与数字记忆实践》，载《新闻界》2022 年第 11 期。

② 朱务善：《回忆北大马克思学说研究会》，载中国社会科学院现代诗研究室、中国革命博物馆党史研究室：《"一大"前后》（二），人民出版社 1980 年版，第 119、120 页。

理论灌输，而是一种互相影响的双向奔赴：一方面，剧集中李大钊与葛树贵的交往恰好与李大钊从思想启蒙走向工人运动探寻新路的进程同步，可以说通过葛树贵为代表的劳工群体给李大钊等启蒙者以实践的和阶级的基础；另一方面，葛树贵不只是接受李大钊的救助解决孩子就医困难，同时也为李大钊提供帮助，比如在李大钊发表拥护共和抵制复辟的演讲被辫子军抓捕时，葛树贵就与赵世炎、邓中夏、郭心刚等人一起掩护其离京。此外，剧集中还设计了过年与工友包饺子的场景，通过哼唱乐亭大鼓使李大钊与葛树贵在思想和文化水平上的差距被民间的、民族的、文艺的形式弥合。尽管整部剧尽量在现实主义的阶级视角之下构建历史场景，不仅数次在镜头中展现泥泞的街道和衣衫褴褛的普通大众，更是数次通过镜头中的贫富分化凸显阶级差异，然而对工人阶级群体的塑造却仍未让人满意。葛树贵的角色设定和阶级身份使他具有某种意义上的历史主体性，然而其人物原型则更具有从自发到自觉的阶级意识和斗争精神。葛树贵本身是长辛店机厂的铆工，在劳动补习学校学习文化知识，受到革命理论的启蒙，他率先报名参加工会并组织工友参加，在 1923 年的"二七罢工"当中，带领纠察队与军队对峙并在武力对抗中头部受伤牺牲。人物原型身上的领袖特征和英雄色彩在以"觉醒"为主题的剧集中并没有充分展现。

觉醒了的先进知识分子与青年学生经历了无政府主义等思潮的影响，在"到法国去""到民间去"的若干探索中，更加坚定了对马克思主义的信仰、与工人运动相结合的道路，为中国共产党的诞生奠定了条件。

三、家庭革命："为国破家"

在新文化运动批判旧文化、旧道德的背景下，打破孝道、革新家庭成为重要的议题，正如胡适回忆，"我们不但对人类的性生活、爱情、婚姻、贞操等问题，都有过很多的讨论；同时对个人与国家、个人与家庭与社会的关系也都有过讨论。'家庭革命'这句话，在那时便是流传一时的名言"。① 正是在家庭革命的语境中，陈独秀、李大钊与胡适的形象更为丰满，陈延年、陈乔年等青年学生的工读互助探索的理想色彩也更易理解。

在民族觉醒的氛围中，家庭内部围绕读书和婚姻少不了新旧之争。陈独秀、陈延年、陈乔年三人在觉醒年代中构成了颇具典型性和冲突性的父子关系。剧集开篇，父子三人就处在并不和谐的关系之中，剧中将矛盾归因于陈独秀奔走革命、公而忘私，而陈独秀的婚姻波折又是另一重要因素。潘赞化曾在回忆陈延年、陈乔年二人的时候专门提到，"独秀年少出门，半身亡命，对于家庭无有照顾"，陈独秀早年奔走革命与兄弟俩的生母关系不睦，且后来与兄弟俩的小姨母高君曼关系亲密同居沪上，这一家庭波折以及二人"受母高氏先人之言"更可能是父子关系不和的重要因素。② 此外，陈独秀对孩子教育方式的与众不同，也是引发矛盾的原因。高君曼曾因兄弟二人的教育问题与陈独秀意见相左向潘赞化哭诉，高君曼既是姨母又是继母使得她富有极大的责任养育兄弟二人，希望二人吃住在家，视为亲生，然而陈独秀却坚持认为高君曼的做法是妇人之仁、姑息养奸，他坚持孩子应该放养，让他们自己去闯荡社会、自己去寻求真理。剧中借高君曼等人之口，将陈独秀塑造成一个在外是追求民主的斗士，在家却是封建专断

---

① 胡适口述，唐德刚译注：《胡适口述自传》，广西师范大学出版社 2005 年版，第 173 页。

② 潘赞化：《我所知道的安庆两个小英雄故事略述》，载金肽频：《安庆新文化百年·随笔卷》，安徽文艺出版社 2016 年版，第 61，62 页。

的家长的矛盾人物。这在一定意义上是理解陈氏父子关系的方式，然而教育观念上的独特以及陈独秀对于自己意见的坚持可能是一个更合理的解释。与他关系亲密，且对陈延年、陈乔年极为欣赏的潘赞化"亦与之强争数次，终不可行"。①《觉醒年代》对于陈独秀家庭关系的叙述，并非流于上述伦理关系上的矛盾与和解，而是更侧重思想上从分歧到认同的转变。陈延年、陈乔年在社会底层历练，推崇无政府主义、试验工读互助，对父亲陈独秀追求的民主与科学并不全然认同，但却有着敬重与崇拜。随着父子三人思想上的殊途同归，情感上也走向和解，剧集中陈独秀给两个儿子准备包子却又不好意思主动承认、陈独秀雨中背着受伤的陈延年艰难前行、去往法国之前父子三人相拥在一起等情节安排，最终呈现的不是思想革命浪潮下父与子的决裂与冷漠抑或完全政治化的、表面化的革命家庭模式，而是构筑于大时代的启蒙者与觉醒者、前辈与后辈在家庭伦理之上的互相影响和思想契合。

家庭革命的语境下，李大钊与胡适各自的婚姻生活作为辅线，为这两个启蒙者的形象增添了真实感。李大钊与夫人赵纫兰的关系质朴且深沉，李大钊在家庭中是亲切的、温情的，而赵纫兰则更为朴素和坚韧。在影视作品当中，李大钊的身边从来不乏夫人赵纫兰的角色，但对这一女性角色的定位往往是作为李大钊的夫人、革命的贤内助，重在表现她身上所具有的传统女性的美德——侍奉老人、养育孩子、料理家务、支持丈夫，特别是对于李大钊所追求的理想和道路给予充分的理解、对李大钊常常接济学生工友投入组织活动而带来的经济压力勉力支撑，竭尽所能为李大钊的革命事业提供助力。乐亭县委党史研究室给出的乐亭党史人物

---

① 潘赞化：《我所知道的安庆两个小英雄故事略述》，载金肽频：《安庆新文化百年·随笔卷》，安徽文艺出版社 2016 年版，第 62 页。

介绍中评价其为"李大钊长期从事革命活动的贤内助，对中国人民的革命事业作出不寻常的贡献"，并在人物小传中指出"在李大钊的影响下……懂得一些革命道理"，1933 年 6 月鉴于她"在李大钊牺牲以后坚韧不拔的精神，培养教育子女投身革命的壮举"，中共河北省委召开会议决定追认她为中共党员，并将会议决议刊登于中共北方局内部刊物《北方火线》上。①《觉醒年代》中的赵纫兰不同于一些表面化的"贤妻良母""贤内助"的角色呈现，在人物中增加了精神层面对于李大钊所追求的理想信念的高度认同，这使得她的助力、牺牲与奉献给二人并不宽裕的生活增加了明亮的颜色，更是在家庭关系中凸显了李大钊的敦厚本色。胡适的家庭关系则更是"家庭革命"议题中的一个典型的缩影，因为他尽管提倡新文化却服从了母亲安排的婚姻，既是当时所少见，又从一个侧面反映出胡适本人的性格和主张。与胡适相交者，也对胡适的夫人颇有微词，因为夫人江冬秀的一双小脚被视为"胡适"这个代表了新文化新思想的形象的反面，她本人也因识字不多爱打麻将一直被认为与胡适知识水平相差太远，并不是胡适最理想的太太，且后来二人旅居纽约期间胡太太爱打牌又不能理解读书治学的乐趣，也被猜测是胡适精神上显出老态的一个原因。② 唐德刚因给晚年的胡适做口述历史而与之交往甚密，则认为恰恰因为胡适"软弱纯良"，不愿牺牲寡母及村姑江冬秀，才没有反对"旧式婚姻"而大搞"家庭革命"，反而使江冬秀成为"那千万个苦难少女中，一个最幸运、最不寻常的例外"。这也是胡适个性所在：

---

① 《【建党 100 周年】乐亭党史人物：赵纫兰》，https：//m. thepaper. cn/baijiahao_12305732，最后访问日期：2024 年 2 月 2 日。
② 《夏志清先生序》，载唐德刚：《胡适杂忆》，广西师范大学出版社 2005 年版，第 6—7 页。

"适之先生是位发乎情、止乎礼的胆小君子。搞政治，他不敢'造反'；谈恋爱，他也搞不出什么'大胆作风'。"① 剧本创作者在后来出版的历史小说《觉醒年代》中也丰富了陈独秀、李大钊、胡适的家庭生活细节，让读者在三对夫妻关系中感悟这"三驾马车"的思想与个性。②

　　青年学生的工读互助则可以从"家庭革命"探求新生活的视角加以理解。启蒙者提倡打破旧伦理、革新旧家庭得到了觉醒的青年的热烈响应，如何摆脱旧式家庭、探求一种新生活成为这一代青年萦绕于心的问题。新文化运动后兴起的工读互助，对于这些青年来说，不仅是一个到民间去、探求社会改造的途径，也是一个摆脱家庭、构建新生活的方式。王光祈在介绍工读互助团发起的动机及成立经过时说，"昨日我著一篇改造旧家庭的方法，主张组织一种'女子互助社'，今天我所提出的就是把'女子互助社'的范围扩张为男女生活互助社，为苦学生开一个生活途径，为新社会筑一个基础"，"脱离家庭另谋独立生活"共同对抗黑暗是他组织工读互助社的第一个理由。③ 在陈独秀、李大钊、蔡元培、胡适、周作人等人募款支持之下，工读互助团很快就在1919年年底成立。其中蔡元培可谓是最为乐观的，他认为化孤独的生活为共同的生活是五四以后学生界的一个新觉悟，"要是本着这个宗旨推行起来，不但中国青年求学问题有法解决，就是全中国最重大问题，全世界最重大问题，也不难解决，这真是有大

---

① 唐德刚：《胡适杂忆》，广西师范大学出版社2005年版，第183、195页。
② 《〈觉醒年代〉作者龙平平：我不认可陈独秀、陈延年、陈乔年父子三人是冤家对头》，https：//www.jfdaily.com/news/detail? id=410358，最后访问日期：2024年2月1日。
③ 王光祈：《工读互助团》，载张允侯、殷叙彝、洪清祥、王云开：《五四时期的社团》（二），生活·读书·新知三联书店1979年版，第370页。

希望的。"① 很多先进青年把参加工读互助团体当作脱离家庭的新生活实验，积极报名参加。以"非孝"在新文化运动中崭露头角、积极投身工读互助团的施存统就在《"工读互助团"底实验和教训》中指出："我们的脱离家庭，是脱离家庭里从家族制度所发生的一切关系，不是脱离家庭里的人；换句话说就是脱离家庭里的名分关系和经济关系，不是脱离家庭里什么人的感情关系。"② 俞秀松则是背着家庭从杭州出走到北京参加工读互助团，随后他在给父母的信中表示，"我来的目的是：实验我底思想生活，想传播到全人类"③。《觉醒年代》里工读互助团体的俭洁食堂、电影、洗衣三股，恰是北京的第一组所开展的活动，也如剧集所展示的那样因经济危机和人心涣散草草失败了，然而在上海、南京、武昌等地均先后成立或筹备成立过类似团体。在马克思主义传播的历史进程中，往往将这些短暂的实验当作具有乌托邦色彩而注定失败的尝试。《觉醒年代》显然是将这一尝试置于探求改造社会的主线里，而对于理解觉醒的青年一代的心态而言，投身"共同生活"以摆脱旧家庭是第一次世界大战以后世界潮流刺激之下，时时处处求新思变要求"新生活"的美好理想的实验，也可以说是对人类生活方式的一次大胆尝试。

在近代中国，"家庭"成为承载民族国家兴衰的重要议题，也日渐被问题化，从清朝有人提倡"毁家"、到民国初期"家庭革命"成为时代口号，人们日渐把旧式家庭视为需要打破的传统束

---

① 《工学互助团的大希望》（1920年1月15日），载中国蔡元培研究会编：《蔡元培全集》（第4卷），浙江教育出版社1997年版，第10页。

② 施存统：《"工读互助团"底实验和教训》，载张允侯、殷叙彝、洪清祥、王云开：《五四时期的社团》（二），生活·读书·新知三联书店1979年版，第433页。

③ 俞秀松家信，手抄件（1920年3月4日），转引自彭明：《五四运动史》（修订本），人民出版社2019年版，第410页。

缚，甚至在改造社会的探索中试图以共同生活、集体生活取消家庭。在《觉醒年代》中，"家庭革命"是一个贯穿性议题，由此可以观察到这一阶段启蒙者与觉醒者思想的不同面向：一方面，在李大钊、陈独秀、胡适自身对于婚姻家庭的处置方式上看到这些提倡民主与科学、提倡新思想的启蒙者如何身体力行新伦理、新道德；另一方面，在觉醒的青年们的工读互助尝试中可以看到青年一代在个人、家庭和社会之间如何自处，如何理想化地构想新生活。

四、历史照进现实："用正确的历史观展现了真实的历史"

《觉醒年代》自 2021 年播出以来，豆瓣上近 50 万人打出了 9.3 分的高分，作为一部被定义为主旋律电视剧、革命历史题材电视剧的作品，如此受大众特别是青年人欢迎，在该剧主创人员看来，既是意料之外，也在情理之中。剧本创作者龙平平表示，该剧能火，因为恰逢其时，赶上了中共中央作出开展党史学习教育的决定，而青年人非常需要从一些影视剧中获取党史知识。这自然是该剧受欢迎的一个重要的时代语境，而更重要的是该剧做到了"用正确的历史观展现了真实的历史"。①

以"实事求是"和历史唯物主义为原则，从历史逻辑和理论逻辑讲清楚了红色起源。马克思主义在中国的传播和中国共产党最初的酝酿是在北京，北大红楼是源头。中国共产党的成立一直是学界探讨的重点和热点问题，在中国共产党成立的历史条件上人们基本形成了共识，即"在中国人民和中华民族的伟大觉醒中，在马克思列宁主义同中国工人运动的紧密结合中"，中国共产党应

---

① 王桂环：《用艺术精品宣传研究党史的一次尝试——访〈觉醒年代〉编剧龙平平》，载《北京党史》2021 年第 3 期。

运而生。这一论断基于辛亥革命、五四运动到中国共产党的成立这一历史逻辑，把辛亥革命作为中国共产党诞生的一个大的历史背景，经历两次复辟、对第一次世界大战欧战的失望及新文化新思想的洗礼，经过五四运动推动马克思主义的传播以及与工人阶级的结合，到中共一大召开，电影《建党伟业》就采用这样一条叙事主线，以一大代表们在嘉兴南湖红船上泪流满面高唱《国际歌》结尾。剧本的创作者则意识到，"说到中国共产党的由来，人们往往习惯于把上海的石库门和嘉兴的红船看成是源头，却很少去追寻这条红船是从哪里驶过来的"。①《觉醒年代》就是要客观地把红船从北大驶来这个历史过程说清楚：聚焦北京大学这个新文化运动的主要阵地、五四运动的策源地，中国共产党的主要创始人和早期活动家在北大工作或学习期间正式开始阅读马克思主义著作、传播马克思主义理论，并推动了中国共产党的建立。另外，围绕"南陈北李，相约建党"以及中共一大作为中国共产党创立的标志等议题也存在一定争议，比如有学者提出"相约建党"说并非出自当事人的说法而是出自回忆性的纪念文章并不可信，而质疑"相约建党"说的逻辑结果就是认为中国共产党的诞生是苏俄帮助的结果。②《觉醒年代》坚持历史唯物主义原则，一方面充分肯定陈独秀与李大钊两人在新文化运动、五四运动和创建中国共产党中的历史功绩，凸显了民族的觉醒中先进分子信仰马克思主义并与工农大众相结合的路径选择。另一方面则特意安排了胡适和李大钊的一场辩论，当胡适指出巴黎公社失败了、空想社

---

① 王桂环：《用艺术精品宣传研究党史的一次尝试——访〈觉醒年代〉编剧龙平平》，载《北京党史》2021 年第 3 期。

② ［日］石川祯浩：《中国共产党成立史》，袁广泉译，中国社会科学出版社 2006 年版，89 - 91 页。

会主义失败了，社会主义就是一个骗局的时候，剧集借李大钊之口直面质疑，"我相信，社会主义绝不会欺骗中国！"这一情节的设计显然是为了直接回应当下，回应观众。

以"大事不虚，小事不拘"为原则，艺术化地真实再现了历史。《觉醒年代》之所以在一众主旋律电视剧、革命历史题材电视剧当中获得持续的关注和广泛的赞誉，得益于剧本创作者扎实的历史功底和合理的虚构。龙平平在接受采访时回顾了他本人从党史文献研究者到编剧的经历，从 1993 年写 12 集理论文献纪录片《邓小平》、纪录电影《丰碑》《千秋基业——邓小平与中国教育》《永远的邓小平》到电影《邓小平》、电视剧《历史转折中的邓小平》，从只在情节上进行艺术处理、不敢虚构人物，到坚持从《三国演义》学到的"大事不虚、小事不拘"的原则，在历史事实基础上大胆虚构情节和人物，呈现艺术的真实。① 如前所述，《觉醒年代》中的人物和事件、重要的言论基本都有文献支撑，而虚构的部分则更体现了创作者所坚持的历史观。一是虚构的人物，比如郭心刚、张丰载、柳眉，尽管这几个人并没有特定的原型，却是若干青年的思想状况、政治选择和情感经历的集中映射，以典型化的方式使既有的人物处于更丰满的社会交往中。二是虚构的人物交集，比如陈延年、陈乔年以及柳眉参与工读互助的经历。龙平平查阅一大代表包惠僧、鲁迅的回忆，赵世炎夫人夏之栩的纪念文章和钱玄同日记，才写了陈延年、陈乔年在北京与陈独秀有交集且参与了工读社的情节，而柳眉的设定不仅因为北京工读互助组确实有女学生为摆脱家庭而参加，也确有因在工读互助中

---

① 王桂环：《用艺术精品宣传研究党史的一次尝试——访〈觉醒年代〉编剧龙平平》，载《北京党史》2021 年第 3 期。

产生恋爱风波者，① 更是为了使陈延年的角色更丰富完整。三是虚构的情节，比如在海河岸边南陈北李相约建党。前文已经提及，1920 年年初李大钊冒险送陈独秀去天津，在路上谈及建党，源自1927 年 5 月 22 日高一涵在追悼南北死难烈士大会上所作演讲记录。1963 年 10 月，高一涵又进行了一次回忆，完善了此前的说法：李大钊、陈独秀两人雇骡车从朝阳门南下，携带几本账簿，一路由李大钊出面交涉，到天津购船票让陈独秀坐船前往上海。② 上述回忆在剧中被具象化为在海河岸边面对着满目疮痍宣誓建党，一方面直观的劳苦大众的苦难生活使建党的初心使命有了更具象化的呈现，另一方面陈李二人"为了中华民富国强""为了民族再造复兴"的口号则又勾连了历史与现实，在虚实之间直接与观众对话。

以版画入影像，在影像与观众之间增加了一个历史的声音。《觉醒年代》所运用的艺术形式里，引发的讨论多集中于一些意象和隐喻，比如出现几次的蚂蚁、泥泞的道路等。尽管观众的解读不尽相同，却在现实中延续着影像的历史表达。该剧更为新鲜的视觉体验来自对版画的广泛运用，据统计约有 220 余幅。剧集在片头和片尾、重要历史人物李大钊、陈独秀等，以及火车工人、逃荒灾民、工人运动等写实的社会图景上运用版画。另外，还多次将版画运用在重大历史事件上，如对"二十一条"的抗议、北大红楼的落成、共产主义小组在国内外相继成立等。有学者认为，这一独特的大众化的艺术形式的运用意味着该剧对底层大众作为

---

① 赵妍杰：《试验新生活："五四"后北京工读互助团的家庭革命》，载《北京社会科学》2018 年第 8 期。
② 祝彦：《"南陈北李，相约建党"是怎么来的》，载《实践》（思想理论版）2021年第 5 期。

历史主体地位的认定。① 在这一意义上，大量版画入影像，不仅在于追求新鲜的视觉刺激，更在于这是以新文化运动中鲁迅先生所倡导的唤起民众、鼓动民众的形式为新文化运动鼓与呼。这是创作者对历史与艺术深度融合的一种尝试。此外，版画的运用在剧中承担着历史哲思的"纲"的作用，是该剧主创历史观的声画展现。为《觉醒年代》画插画的张耀来与该剧导演进行了深入沟通后，明确了"版画元素"在剧中并非一般性的叙事填充，是接近哲学层面的宏观表达，是为前后一段剧情做概括、暗示、寓意、象征和总结。② 这就使《觉醒年代》具有了突破戏剧叙事的另一个历史的声音，在真实历史影像插入影视再现以体现其现实品质的惯常做法之外开辟了新的叙事样式。

正如《觉醒年代》导演张新刚所言，如果把导演创作归为一次创作，观众完成的就是二次创作。剧中的台词、人物、影像素材仍处在话题当中，创作者和观众做到了同频共振。③ 对于当代青年而言，这意味着不仅要从宏观上把握新文化运动、五四运动至中国共产党诞生的历史逻辑，更要从微观上理解百余年前的启蒙者和觉醒者经历了何种抉择才探索出挽救民族危亡的道路，要从情感共鸣中思考青年的个人志趣前途与民族国家命运之间的关联，从历史中探寻治愈当下的力量。

---

① 张涵：《底层主体的复归——论〈觉醒年代〉与传统社会主义文艺之关联》，载《文艺论坛》2023 年第 1 期。

② 王若蛟：《张耀来：我为〈觉醒年代〉画插画》，载《北方美术》2021 年第 4 期。

③ 《〈觉醒年代〉导演：我们敬仰那个时代，项目开始时曾战战兢兢》，https://baijiahao.baidu.com/s? id=1699970687687151561&wfr=spider&for=pc，最后访问日期：2024 年 2 月 2 日。

第五章　革命历史与记忆的多维重构

教学目标

长征及长征精神在中国共产党历史和中国革命史中占有重要地位，是学术界长期关注和研究的重点，也是中国近现代史教学的重点。本章从长征的历史叙述的角度参照关于长征的回忆和影像，引导学生深入理解长征的历史记忆与精神内核。

作品分析

长征事迹在中共中央的号召下留下了大量的文字回忆，并在国内外进行了传播。在革命历史题材影视作品中，长征一直都是备受青睐且不断被纪念的选题，从20世纪50年代起，不同历史时期均有对长征的影像再现。本章以上述资料为基础，以2016年为纪念红军长征胜利80周年而创作的8集纪录片《长征》为重点，讨论长征的历史书写与影像再现。

　　"叙事话语远不是用来再现历史事件和过程的中性媒介，而恰恰是填充关于实在的神话观点的材料，是一种概念或伪概念的'内容'。"① 在近现代中国历史上，不乏一些事件，随着人们对其认识的提升、时代背景的变迁、新史料的挖掘、不同载体的呈现，使对其的叙事不断丰富。长征的历史书写也是在不断的叙述、回忆和再现之中，成为连接中国共产党苏区时期与延安时期的重要历程，成为中国共产党的历史上乃至中华民族的历史上熠熠生辉的英雄史诗，对于中国的历史进程产生了巨大而广泛的影响。

一、影像再现的基础：长征的回忆与叙事形成

　　"长征"在 20 世纪 30 年代已经闻名天下，究其原因，与亲历长征的共产党人和各路记者的回忆、叙述与宣传有着密切的关系。特别是中华人民共和国成立前形成的回忆与叙述，不仅本身构成了长征历史的鲜活史料和基本叙事，也构成了长征影像表达的两条主线、两大主题。

---

① ［美］怀特：《形式的内容：叙事话语与历史再现》，董立河译，文津出版社 2005年版，前言第 1 页。

　　长征是集体创作的英雄史诗。作为军事战略的长征，自 1934 年 10 月中央红军离开中央苏区算起，至 1936 年 10 月三大主力红军会师结束，纵横 14 个省（按现在行政区划为 15 个省市），"历时之长、规模之大、行程之远、环境之险恶、战斗之惨烈，在中国历史上是绝无仅有的，在世界战争史乃至人类文明史上也是极其罕见的"。① 红军长征一开始并没有固定名称，"突围""西进""西征"混用，至 1935 年前后开始称为"长征"②，长征成为中国共产党和中国革命的重要标志性历史事件，是集体创作的结果，也是出于现实的需要。1936 年 8 月 5 日，毛泽东与杨尚昆联名给参加过长征的同志发出为《长征记》征稿的信："现因进行国际宣传，及在国内国外进行大规模的募捐运动，需要出版《长征记》，所以特发起集体创作。各人就自己所经历的战斗、行军、地方及部队工作，择其精彩有趣的写上若干片段。文字只求清通达意，不求钻研深奥。"③ 经红军总政治部编辑委员会编辑，具体由徐梦秋、丁玲、徐特立、成仿吾等人分头编辑，书稿几经曲折至1942 年 11 月在延安排版印刷，但其内容实际上已经由斯诺、董健吾等人广为传播。斯诺在陕北采访过程中，与亲历长征的中共领导人进行了深入的谈话，1936 年 10 月离开陕北时，带着一打日记和笔记本、30 卷照片，还有好几磅重的红军杂志、报纸和文件，这其中

---

① 石仲泉：《长征：红旗漫卷西风》，载《红旗文稿》2021 年第 7 期。
② 1934 年 10 月 8 日，中央委员会给中央分局的训令中将之称为"突围"；同年 10 月 26 日，中革军委称之为"西进"；1935 年二三月间，陈云则称其为"西征"；1935 年 2 月红军总政治部发布的《告工农劳苦群众书》及同年 5 月朱德在《中国工农红军布告》均用"长征"。参见俞凡、文爽：《中国共产党革命英雄史诗的建构——以"长征"概念流变为中心的考察》，载《山西大学学报》2024 年第 1 期。
③ 中共中央文献研究室：《毛泽东年谱（1893—1949）》（上），中央文献出版社 2013 年版，第 557 页。

就有《长征记》征文的部分稿件。其中部分内容体现在斯诺所著《西行漫记》中，随后在英文世界和上海广为传播。安排斯诺进入陕北的中共地下党员董健吾，以"幽谷"为笔名于1937年7月在上海《逸经》杂志发表《红军二万五千里西引记》，其主要内容也是来自《长征记》的征文原稿。① 可以说，这次征文是中国共产党人第一次大规模的集体创作，最后以《红军长征记》或《二万五千里》为名出版的长征亲历者的回忆，是迄今为止最真实、最质朴、最鲜活的长征记忆，是"长征最原始的记录"，"每一篇回忆都体现出红军的革命英雄主义气概和与艰苦的自然环境做斗争的豪迈精神"。② 《在重围中》《残酷的轰炸》《渡乌江》《飞夺泸定桥》里记述的残酷的战斗场面和《芦花运粮》《吃冰琪林》《松潘的西北》里记述的战士们在极端条件下的冻饿交加，贯穿其中的是革命英雄主义。这也奠定了长征历史叙事和影像表达反复呈现的重要主题之一：自然环境的艰难困苦以及红军战士的英雄气概。可谓最早的图像再现长征历史的黄镇画作《长征画集》，作为重要的历史见证，"真正产生在长征途中"，其主题也在于反映长征生活，又能体现当时的艰苦卓绝和乐观主义精神。③

---

① 刘统在《红军长征记：原始记录》的序言里列举了《红军二万五千里西引记》直接引用《红军长征记》的若干内容：红军经过贵州茅台品尝茅台酒引自熊伯涛的《茅台酒》；红军草地断粮引自舒同《芦花运粮》；文后附录的《红军第一军团西引中经过地点及里程一览表》引自《红军长征记》附表。参见刘统整理注释：《红军长征记：原始记录》，生活·读书·新知三联书店2019年版，第4页。

② 刘统整理注释：《红军长征记：原始记录》，生活·读书·新知三联书店2019年版，第10－12页。

③ 1938年，黄镇画作转到在上海的作家阿英之手。1938年10月，阿英把这些画作以《西行漫画》为名，在上海出版。1958年《西行漫画》更名为《长征画集》出版，1961年黄镇从国外归来，才知道是自己的画作。黄镇：《长征画集》，解放军出版社2006年版，第2页。

长征是挽救革命于危亡的转折事件。中华人民共和国成立后，中国共产党掌握全国政权，除对红军长征的革命英雄主义和艰苦卓绝的革命精神的赞颂外，对长征的回忆与叙事更侧重党内斗争与领袖挽救革命的历史功绩。以遵义会议为标志的历史转折对红军和中国共产党革命事业与命运转危为安的巨大作用成为长征历史叙事和影像表达的主题。刘伯承1959年在《回顾长征》中突出强调"遵义会议集中全力纠正了当时具有决定意义的军事上和组织上的错误"，"胜利地结束了'左'倾路线在党中央的统治，开始了以毛泽东同志为首的中央的新的领导，在最危急的关头挽救了党，挽救了红军"，"这是有极大的历史意义的转变"。① 毛泽东1960年在北京会见斯诺时，斯诺问道，"你一生中最黑暗的时刻是什么时候?"毛泽东回答说，那是在1935年的长征途中与张国焘之间的斗争。"当时面临着分裂，甚至有可能发生前途未卜的内战。"② 邓小平在回忆长征时指出："那时，也是第二次当中央秘书长，我坐在会议室临窗这一角。会后又和毛主席、张闻天一起长征。……在我们党的历史上，直到遵义会议，才形成了一个领导核心;这个领导核心是中国共产党的第一代领导核心;在此以前，没有形成过真正的领导核心。"③ 哈里森·索尔兹伯里的《长征:前所未闻的故事》一书也如此认识这段历史，"长征没有计划，在筹备时毛泽东受排挤，身处局外，出发前不久还对行动一无所知。

---

① 刘伯承:《回顾长征》，载《人民日报》1975年10月19日。该文还被选入一本名为《回顾长征》的文集，也是在1975年由解放军文艺出版社出版。

② 《【专访】历史学家刘统:张国焘给了毛泽东一生中最黑暗的时刻》，https://www.jiemian.com/article/860869_qq.html，最后访问日期:2024年2月2日。参见刘统:《北上:党中央与张国焘斗争始末》，生活·读书·新知三联书店2016年版，第1-2页。

③ 中共党史出版社编:《读党史·铁流二万五千里》，中共党史出版社2011年版，第125页。

而最终长征却为毛泽东和共产党人赢得了天下。"① 美籍华人学者
杨炳章更以"长征与毛泽东的崛起"作为研究的主题，指出长征
时期"共产党本身的地位和性质也发生了根本性改变"，"这一转
变与长征期间毛泽东在中央上台掌权同步发生"，而正是这一转变
"导致共产党人在 20 世纪 40 年代末取得了中国革命的最终胜利"。②

　　20 世纪 50 年代以来，长征历史叙述的上述两大主题均在影像
中得以展现。纪录片《在长征的道路上》（1957）和电影《万水千
山》（1959）均着意表现艰难困苦，越是艰苦越能够展现革命英雄
主义，大型音乐舞蹈史诗《东方红》（1965）和萧华作词的《红军
不怕远征难——长征组歌》（1976）的影像化则是在前一历史叙事
基调的基础上，更加突出长征途中召开的遵义会议的历史地位和
转折意义。20 世纪 80 年代以来，《红军长征、会议史料》、《国民
党追堵红军长征档案史料选编》、《彭德怀自述》、徐向前《历史的
回顾》以及聂荣臻、黄克诚、许世友、萧华、萧劲光、杨尚昆、
杨成武等长征亲历者的回忆录、萧锋《长征日记》、童小鹏《军中
日记》等作品陆续出版，国民党方面的《围追堵截红军长征亲历
记》、海外的索尔兹伯里的《长征：前所未闻的故事》和薄复礼的
《一个被扣留的传教士的自述》③，从不同视角为长征的影像表达提

---

① ［美］索尔兹伯里：《长征：前所未闻的故事》，朱晓宇译，北京联合出版有限责
　　任公司 2015 年版，第 1 页。
② 杨炳章：《从革命到政治：长征与毛泽东的崛起》，中国人民大学出版社 2006 年
　　版，第 1、8 页。
③ 薄复礼是红军长征中碰到的外国人，红军明确其传教士身份后提出以向红军提供
　　一定数量的药品或经费作为释放他的条件。他与红军生活了整整 18 个月，帮助
　　红军翻译地图，给红军以极大帮助，后给他足够的路费为他饯行，将他释放。
　　1984 年秋，经准备创作《长征——前所未闻的故事》的索尔兹伯里提及，带回
　　薄复礼的书，曾在 1989 年以《神灵之手》出版。参见［瑞士］薄复礼：《一个西
　　方传教士的长征亲历记》，严强、席伟译，中国画报出版社 2018 年版，第 2-4 页。

供了史料。特别是随着口述历史的兴起，大量抢救史料式的访谈和口述为围绕长征进行影像表达提供了重要的支撑。长征的历史叙事日益丰满，但仍未动摇长征历史叙事的基调。

二、影像再现的技艺：《长征》的影像表达

在重大革命历史题材的影像创作中，长征一直是影视剧和纪录片的重要选题之一，特别是在长征逢整五整十年纪念之际，以及中国共产党成立和中华人民共和国成立的纪念之际。第一部长征主题彩色长纪录片《在长征的道路上》就是为纪念长征胜利 20 周年；第一部产生广泛而深远影响的长征电影《万水千山》可谓新中国成立十周年的献礼；1996 年是长征胜利 60 周年，电影《长征》、电视剧《大渡桥横铁索寒》《残阳如血》《遵义会议》《彝海结盟》以及纪录片《长征：世纪丰碑》《长征，不朽的史诗》《长征从这里开始》《雄关漫道》等纷纷出品；2001 年是中国共产党成立 85 周年，24 集电视连续剧《长征》成为第一部全景式展示长征历史的影视作品；2006 年是长征胜利 70 周年，《长征日记》《长征：不朽的魂》《西征的红军》《伟大长征》《长征——永不褪色的记忆》《珍藏的红色记忆——长征轶事》《红旗飘飘——长征文学风采录》《不能忘却的长征》等大量作品涌现出来；2016 年是长征胜利 80 周年，《长征纪事》《永远的长征》《长征》等作品，在历史叙事与影像技艺两个方面又将长征的影像表达提升到新的高度。

宏大叙事—个体解读—凝练提升的叙事逻辑和表达主题。最早表现长征主题的纪录片《在长征的道路上》（八一电影制片厂摄制，1957 年出品）以及差不多同期的将话剧搬上荧幕的彩色宽银幕电影《万水千山》（八一电影制片厂、北京电影制片厂联合摄

制，1959 年上映），均以场面真实、气魄雄伟见长，力图通过实地拍摄带领观众体验恶劣的自然环境，从总体上展现红军的英雄气概。2001 年出品的电视剧《长征》基本是在这一创作基础上的丰富和提升：追求全景式、多角度地再现长征历史全貌，同时追求历史叙事的诗意提升，从中国共产党和红军战胜国民党军队的围追堵截、正视并正确解决组织错误和军事路线错误、艰苦卓绝地与大自然的艰难险阻进行斗争三个维度进行影像表达。中央电视台新闻频道 2006 年出品的大型电视节目《我的长征》则另辟蹊径，对于大家耳熟能详的长征进行了个体化的解读，其主旨在于普通人重走长征路、体验长征精神，在宏大历史叙事的背景下更侧重个人体验和个体记忆。纪录片《长征日记》以红军日记为线索，以"我"作为个体化展现群体历史记忆的切入点。这一时期的作品在"抢救式采访"、口述历史发展的情势之下具有"个人化"的鲜明特征。2016 年，由中共中央宣传部、原国家新闻出版广电总局和中央军委政治工作部指导、作为国家重点宣传项目的大型文献纪录片《长征》，更是在个体化历史叙事的基础上进行了新的凝练和提升：一方面，在篇章设置中体现历史意识和时代精神，在《英雄史诗》《路在何方》《伟大转折》《战史奇观》《民心所向》《跨越极限》《百川归海》《永远长征》八个篇章中，既有英雄史诗的总括、战役会议原址的具体呈现，又有民心所向、永远长征勾连历史与当代的主旨升华。另一方面，在解说词中颇具政论片特点地对"意义"进行反复强调，力图代表国家观点、当代视角。比如"历史转折"一集，为了凸显遵义会议挽救红军、挽救革命的意义，铺陈此前的通道会议、黎平会议、猴场会议及其后的扎西会议、芦花会议、俄界会议，影像叙事的节奏大大放缓，除对主要领导人物的画面作反复援引外，在会议会址处停留，以旁白的方式交代会议内容并强调其意义。

图像—影像—动画的立体呈现和影像技艺。黄镇在长征进行中已将长征历程图像化，此后关于长征的影像艺术创作也层出不穷。进入 21 世纪以来，数字制作技术不断更新为长征的影像表达提供了有力的支撑，"艺术与技术成为现今长征题材纪录片中交相辉映的双生花"。[1] 这一特点，一部分体现于纪录片对艺术作品的广泛调用。除前文提到的《长征画集》在《伟大转折》一集中被搬上荧幕，展现了在军阀残酷剥削和压榨下的"干人"形象，《战史奇观》引用了《大渡河畔的决策》《强夺泸定桥》等油画以呈现战斗场面，纪录片还广泛引用了电影《在长征的道路上》《我的长征》《大渡河》，电视剧《长征》实地拍摄的画面以及红军战士的战斗场景。纪录片《长征》在引用影视作品时更侧重其历史品质，有些影视作品因其拍摄时间较早本身就是黑白片，许多彩色电视剧片段在影像处理上为营造历史感和真实感也特意采用黑白处理，而雕塑、油画、纪念碑等实体艺术作品的拍摄素材则多用彩色影像，以体现从历史观照现实之感。艺术与技术的交相辉映更突出地体现在动画技术等在影像表达中的运用。纪录片《长征》中的路线及途经地都运用了动画特效，这一手法在纪录片中屡见不鲜，对于长征而言动画特效有助于以地图全貌展现行军的动态过程。此外，动画特效还运用在影像化的历史文献的展示上，特别是在历史的关键时刻的关键文献。比如，纪录片《长征》大量援引文字史料，动画效果可以使电报以及一些以文字形式发表的回忆与作者形象呈现于同一画面，造成好似本人在亲自讲述的影像效果；对于一些颇为珍贵的重要手稿，更可以通过字迹、字体的颜色形

---

[1] 倪晨羚：《长征题材纪录片比较研究——以〈在长征的道路上〉（1957）和〈长征〉（2016）为例》，南京大学 2017 年硕士学位论文。

态嵌入实拍的场景之中来立体地呈现真实发生的过去的历史感。比如《伟大转折》一集中展示了一份来自莫斯科的记载了遵义会议前后有关情况及遵义会议主要内容的手稿，1982 年经陈云同志确认，是他在遵义会议后，为向中央纵队传达会议情况而写的传达提纲，在旁白具体强调手稿内容之前闪现出版的《遵义会议文献》封面，通过影像的衔接不仅以文献支撑旁白的历史叙述，更强调了手稿作为历史文献本身的重要价值。

"在历史研究领域，叙事……被看作是一种话语形式"，[①] 那么也许可以说历史叙事与影像技艺的相互支撑构成了长征影像表达的话语形式。海登·怀特曾说："当分析哲学家成功地澄清了在何种程度上历史学可能被视为一种科学时，对历史学艺术成分的关注却不多见。"[②] 历史的影像表达却可以很好地彰显历史的艺术性，特别是在影像技术不断更新的时代。1959 年出品的电影《万水千山》就拍出了红军战士在夜间手举火把前行的震撼场景，暗夜之中如翻滚腾跃的长龙般的队伍，象征着漫山遍野的革命火种。2016 年出品的《长征》不仅在画面品质和镜头运用上更具巧思、画面切换和衔接上也行云流水，广泛援引了版画、油画、雕塑等艺术作品，更是在全集多处运用了悲壮的、悲情的、沉痛的配乐，在推动影像的历史叙事的同时更符合审美需求。

三、影像再现的内核：长征精神与时代价值

从长征开始至今，关于"红军长征"的文本、图片、画作、

---

① ［美］怀特：《形式的内容：叙事话语与历史再现》，董立河译，文津出版社 2005 年版，第 34 页
② ［美］怀特：《元史学：19 世纪欧洲的历史想象》，陈新译，译林出版社 2013 年版，序言第 3 页。

影像记录不断丰富，对于这段历史的回忆与研究、叙事与表达未曾中断，且在不同时代的纪念活动中得以传续。长征的影像再现因承载着认知、教育和动员的多重功能，必然将长征精神作为传续的内核，并不断与时代对话，以彰显时代价值。

长征是共产党人的集体记忆。毛泽东是长征历史记忆建构的奠基者。① 毛泽东不仅号召参与长征者为《长征记》投稿，他本人也先后写下《十六字令》《忆秦娥·娄山关》《七律·长征》《念奴娇·昆仑》《清平乐·六盘山》《六言诗》《沁园春·雪》等诗词，从侧面记录了他的长征记忆。正如毛泽东所言，"长征是历史纪录上的第一次，长征是宣言书，长征是宣传队，长征是播种机"。② 长征的影像叙事则更凸显了作为集体记忆的长征。《长征》中运用了大量 1996 年、2006 年的抢救性采访资料，被采访者包括杨尚昆、伍修权等在长征中参与高层决策的领导人、领导人身边的翻译等，更多的是亲历长征的普通干部和战士。讲述者中大量的普通战士、卫生员、侦查连长、通信员、宣传干部等，是作为一个整体出现在镜头前，八九十岁高龄的他们以各种口音一字一句地回顾自己十几二十几岁时的经历。他们讲述的长征记忆，有的是爬雪山过草地的苦难、有的是投奔红军参加革命的欢欣、有的是接受了群众送来补给渡过难关感受到的真心拥护，有的人还能唱起长征中的歌谣，他们的长征记忆是个人的，但他们本身就构成了历史，他们的回忆构成了中国共产党人对长征的集体记忆。纪录片《长征》在采访视频中抓取具有感染力的叙述辅以旁白的解说、数据资料的支撑穿插着情景再现的画面以及珍贵纪录片中

① 丁晓平：《世界是这样知道长征的——长征叙述史》，中国青年出版社 2016 年版，第 4 页。
② 《论反对日本帝国主义的策略》（1935 年 12 月 27 日），载《毛泽东选集》（第一卷），人民出版社 1991 年版，第 149–150 页。

截取的国民党军形象的影像片段，使共产党人的集体记忆有了影像构筑而使历史记忆成为从历史走进现实的通道。

长征精神是长征最宝贵的遗产。长征不同于一般历史事件之处不仅在于其烙印于中国共产党人的集体记忆，还在于其承载的宝贵精神品质。尽管在不同历史时期，对长征精神的解读有其时代特征，但其内核未曾动摇。如果说 2006 年以《我的长征》为代表的长征题材纪录片注重个人视角理解宏大叙事，那么 2016 年以《长征》为代表的纪录片则在个人化叙事的基础上努力提炼长征所蕴含的中国共产党、中华民族乃至全人类的精神内核，将诸多个体的记忆凝聚为集体的、社会的精神动力。在这一点上，他者的视角更能够体现长征精神的可贵。比如长征题材纪录片里经常引用的斯诺在《西行漫记》中《长征》一章的一段深情的描述："这是一次可浓墨重彩、大书特书的远征。冒险、探索、发现、勇气和胆怯、胜利和狂喜、艰难困苦、牺牲和忠诚，而像烈焰一样贯穿着这一切的是这千千万万青年人的经久不衰的热情、永不泯灭的希望、惊人的革命乐观主义，他们绝不向人、向大自然、向上帝，或者死亡屈服认输——所有这一切以及还有更多的东西，都已经载入了现代史上这部无与伦比的史诗中了。"[1] 更为传奇的则是跟随红军长征 18 个月的牧师薄复礼，从传教士的角度来观察红军、理解红军，著书记下了他的所见所闻以及他的感想，萧克将军为该书作序，并指出，"他记录了中国工农红军历史上的一个侧面"，"对于我们研究红军有很好的参考价值"。[2] 薄复礼的感想不

---

① ［美］埃德加·斯诺：《西行漫记》，董乐山译，生活·读书·新知三联书店 1979 年版，第 163–164 页。
② ［瑞士］薄复礼：《一个西方传教士的长征亲历记》，严强、席伟译，中国画报出版社 2018 年版，第 6 页。

仅在长征题材纪录片中被引用，他的经历也再现于纪录片《薄复礼的长征》之中。

长征是"中华民族伟大复兴历史进程中的巍峨丰碑"。长征精神成为长征题材纪录片的主线，贯穿于历史与当今两个时空。尽管每逢长征周年纪念往往有重温历史、学习精神的种种活动，但纪录片、特别是带有政论性质的纪录片更为直观地通过长征精神让历史与现实对话。从《在长征的道路上》到《我的长征》，重走长征路主要关注的是沿线地区人民生活的变化。由中宣部、原国家新闻出版广电总局、中央军委政治工作部联合指导、中央电视台承制的纪录片《长征》，代表着国家立场，因而政论色彩更浓。主创人员将该片定位为"国家主流媒体和主流价值观对长征精神的再认识、再解读、再传播"①，这一思路体现在每一集的设计之中。比如第 1 集《英雄史诗》的开篇，在实拍的六盘山景色之后直接引用了 2016 年 7 月 18 日习近平总书记在细雨中拾阶而上瞻仰红军长征会师纪念碑的新闻影像，并且在参观展览时指出"我们党领导的红军长征谱写了豪情万丈的英雄史诗"，不仅点出本集主题和整部片子的主基调，更是通过政论性的新闻影像让长征精神与现实对话。又如第 5 集《民心所向》中讲到长征中的红军与少数民族群众的互相支持，还借由至今仍生活于少数民族地区的红军战士引入当下少数民族群众的生活，学生在上课、人们在歌舞等画面展示的是他们如今生活的富足和愉快。第 8 集《永远长征》则直接用习近平总书记在庆祝中国共产党成立 95 周年大会上的讲话引入主题，用参加长征的国之栋梁在各地方各领域为新中国建立功勋的影像与大量原始记录的影像画面形成接续，再引入新时

---

① 闫东:《以长征精神拍摄长征——大型电视纪录片〈长征〉创作谈》，载《求是》2016 年第 21 期。

代的影像：80 年过去了，伟大的长征精神早已融入中华民族的血脉中。延安精神、西柏坡精神、"两弹一星"精神、青藏铁路精神、抗震救灾精神、载人航天精神都涌动着长征精神的红色基因。每逢重大关头，每当遇到艰难险阻，人们总会回望当年，从长征中汲取力量。

作为历史事件的红军长征是中国共产党在中华民族史上和世界战争史上创造的一个奇迹，其本身就具有惊心动魄、精彩感人的史诗品质，构成长征影像表达的基础；作为集体记忆的红军长征烙印于共产党人和中华民族，且在不同时代的影像表达中不断接续着，影像再现的空间在技术更新和审美提升的推动下不断拓展；作为精神内核的长征精神则贯穿于历史与当下、记忆与现实，成为长征题材纪录片认知、教育和价值引导功能的重要体现，这也为未来纪念长征胜利的影像表达展开了新的空间。

第六章　历史创伤与影像书写伦理————

教学目标

本章影像表达重点讲授以下四个方面的内容：为什么说中国的抗日战争是神圣的民族解放战争；为什么说中国共产党是中国人民抗日战争的中流砥柱；怎样评价国民党政府在抗日战争中执行的路线和正面战场的地位作用；如何理解中国人民抗日战争胜利对实现中华民族伟大复兴的意义。进入到第六章，学生在影像史学的理解和实践方面已经有了一定积累和训练，选择制作视频作业的同学普遍完成了基础素材拍摄，开始进入视频剪辑和成片阶段，选择撰写影视作品分析报告的部分同学也已经接近成稿阶段。因此，此阶段的教学指导以提升理论分析能力和给出优秀视频作业总体标准为主。

作品分析

《我的抗战》是 21 世纪以来较早的一部以口述资料为主体的抗战题材纪录片，时间跨度长，选题范围广，有助于学生认识抗日战争全史，其能够较为充分地展现战争亲历者的视角，在这一点上，与《二十二》有类似之处。

一、《我的抗战》

2010 年以来，在众多以抗日战争为题材的纪念作品中，崔永元团队策划制作的《我的抗战》曾经开风气之先，产生了极大影响。2010 年 8 月起，纪录片《我的抗战》第 1 季 32 集在搜狐视频首播，随后展开地面巡映，最后由 85 家电视台同步播出。11 月，同名图书《我的抗战》正式出版。2011 年，崔永元团队再次推出了"我的抗战 II"系列作品，包括 30 集纪录片、30 集动画片、一部同名配套书籍及一部纪录电影，获得很大成功。其中，《我的抗战》系列纪录片获得了"2010 全球华人纪录片盛典卓越贡献纪录片""2011《新周刊》中国电视榜纪录片特别大奖""2011 中国电视纪录片协会年度纪录片大奖"等荣誉及奖项，《我的抗战 II》网络首播第一周点击率超千万。在众多以抗日战争为题材的历史纪录片中，《我的抗战》能够异军突起，与其进一步丰富了影像史学的表现形式，成功地探索出一条市场化语境下的营销和传播之路密切相关，更为重要的是，该系列作品基于个体口述访谈的原生态特质及质朴魅力在当时超越了同类作品。该片由个体口述作为核心与支撑，结构、布局以个体在抗战中的生命故事为中心，体现出时代大背景与个人选择、价值的深度互动。正因如此，教师可以结合该作品，全方位引导学生观看、分析并且加以借鉴。

（一）叙事连接：个体经历如何写入历史？

如何利用个人的、零碎的、感性的口述资料来呈现历史，是一个见仁见智的问题。《我的抗战》所采用手法对于学生应用影像手段进行历史书写有很高的示范价值。总导演曾海若认为该片是类似于故事片的纪录片，结构与叙述方式都是个人化的，每一集都努力做成有开头、发展、结局的故事片的结构。制作者围绕着口述者在抗日战争时期的个体经历，结合时代背景与文献资料，将口述史料整理、贯穿成了一个个相对完整的生命故事。尽管该片的口述者大多不是什么经天纬地的大人物，但普通人的生命经历也同样可以揭示复杂、深刻的历史主题。

借助于一个个的生命故事，《我的抗战》成功实现了个人生命史与时代背景、社会结构的结合，展示了特殊历史阶段中历史及人性的丰富与张力：《南京保卫战》一集由几个小人物的口述与命运作为引线讲述了那场屠城之战；以飞虎队为叙述对象的《空中牛仔》一集从小金的好眼神入手引出首位牺牲于中国空战战场的美国志愿飞行员罗伯特·肖特的感人故事；对于我们都熟知的平型关大捷，《我的抗战》则由战争亲历者对连天大雨的记忆开始进行描述；《姐妹》一集则不仅讲述了女性受害者遭受的暴行，还为我们展示了她们此后的坎坷人生；以孤身在日本北海道穴居生活13年的中国劳工刘连仁的一生为叙述中心的《野人》一集，为我们展示的是两代人因战争而改变的人生轨迹……人总是在个体差异和社会环境之间的互动过程中存在着的，每个看似孤立的个人故事，都会与时代背景形成联动的相互呼应。《我的抗战》的制作者充分认识到了这一点，他们在节目制作过程中，经常采用蒙太奇手法对这种联系进行反复交代。《白山黑水》一集中抗联小战士李敏突然遭遇的生死大劫祸起于抗联中人的叛变；平型关大捷中八路军第 115 师官兵品尝到的胜利喜悦与整个平型关战役，乃至太原会战密不可分。

这种时代与个体之间互为依托的紧密关系首先可以扩充历史的认知视野。《四十七天》的编导伍安生感慨道："衡阳保卫战，是中国八年抗战中，被誉为可以与斯大林格勒保卫战相媲美的城市争夺战。但是作为一个湖南人，我以前却不曾知道这样一场战争的存在！"① 《忻口硝烟》的编导杨程也有同样的感受："我是山西人，土生土长的山西人。我生活的地方就在距离忻口只有 100 多公里的地方。但是对于 1937 年的那次会战，我几乎从未听说过……10 万人战死，21 天死战，还有在中国抗战史上阵亡的第一位中将军长。在接触到这个片子之前，我对这些几乎一无所知。"② 与此类似，学生在实践中也能或多或少地实现对既有知识结构的补充。

其次，个体的生命故事有助于深化人们对于历史的认知和理解。在《金陵永生》中我们看到曾经不顾个人安危保护中国妇女的美国女教育家魏特琳，在日军于南京建立统治秩序后，不仅被日本人恶意扭曲，还受到了中国人的排斥，最终不得不离开中国，返美后不久于 1941 年自杀。魏特琳的故事成为《金陵永生》一集的主要线索，为我们展示了包括血腥屠杀、疯狂奸淫在内的人类的残忍、懦弱及博爱与感恩并存的复杂面相。《在延安长大》一集的编导罗峥承认想象与实际有差距，《永远的微笑》编导对于两个时代不同爱情特点的对比，《锄奸》编导李戎对于叶于良老人个人命运的慨叹，《长城谣》编导李慧对"抗战中国人值得肯定的精神

---

① "我的抗战"节目组：《我的抗战 II》，中国友谊出版公司 2012 年版，第 68 页。
② "我的抗战"节目组：《我的抗战 II》，中国友谊出版公司 2012 年版，第 2 页。

和思想"这一主题的寻求与困惑，赫赫有名的飞虎队似乎是一支
高扬国际人道主义精神、训练有素的高规格美国援华空军，但实
际上，这些年轻人来华的原因是复杂的：有要拯救人民的，有想
开战斗机的，也有为赚钱的。他们中的大多数人当时没有真正体
会过战争的滋味。正如编导刘元所反思到的，飞虎队的英雄们是
有血有肉、有缺点及弱点的，他们经历了从普通人成为大英雄的
转型，也感受到了晚景的悲凉。

　　最后，讲述者最终传递的是一种未被岁月摧毁的接纳，这种
乐观精神有助于形塑学生正确的历史观念。在《我的抗战》中，
我们看到的是无休止的大轰炸中重庆市民在防空洞内由害怕到谈
笑风生，防空洞里开起了茶馆，人们之间传诵着"不怕你龟儿子
轰，不怕你龟儿子炸"的民谣；血肉之躯的战士为什么能不怕死，
是因为大家都在死；原内战主力军——川军军队拼命抗战，以赎
二十年内战之罪；为了从日军手中收复腾冲，腾冲籍的远征军战
士们必须亲手毁掉自己的家乡；年轻的北平抗日杀奸团成员在完
成自己的杀手成人礼——手刃汉奸时刹那的迟疑；曾经令北平汉
奸闻风丧胆的北平抗日杀奸团，其成员却大都是军政高层的下一
代：孙连仲上将之子孙湘德、之女孙惠君，宋哲元之女宋景宪，
冯治安将军侄女冯健美，袁世凯侄孙袁汉勋、袁汉俊，同仁堂大
小姐乐倩文。更有甚者，锄奸团中有些成员就直接出自汉奸家庭，
如伪满洲国国务总理郑孝胥的孙子郑统万、孙女郑昆仑，伪陆军
部长齐燮元外甥冯运修。这些年轻人，自愿告别了童年的简单、
明媚，毅然摆脱了家庭的荫庇，选择了一条行走于危险与死亡地
带的边缘之路，显示了个体超越成长环境的力量。

　　《我的抗战》既进行了许多直指人性的反思，也最大限度地肯
定了信仰的价值。崔永元认为，艰苦卓绝的抗战其实与现今无太

大差别，人们同样面临选择、诱惑、彷徨，民族精神在不同时代的面貌虽然不同，但实质上是相同的，支撑着抗日志士们奔赴沙场、出生入死的应该是一种时代使命感的觉醒，也是原初生命价值的回归，学生从观看已有视频作品到倾听亲历者讲述、制作自己的影像史学作业，从中产生的认同感更加明确、强烈。

（二）迎接挑战：影像史学实践如何持续？

虽然《我的抗战》系列作品是将影像创作与历史书写合而为一的优秀代表作，但也存在着一定的提升空间。除个别的细节问题（如字幕、发音不匹配，讲述人身份标错）及技术性问题（如战场遗址及实物资料较少等）外，我们也遗憾地发现，作品的相关思索绝大多数还集中于情感拷问，而缺乏深入的问题意识。比如，不仅在《我的抗战》2010 年及 2011 年分别推出的两个系列间有些缺乏历史逻辑的延续性，在每个系列内部，各集间的线索关系也不够清晰。如在《我的抗战Ⅱ》中，六集以远征军为主题的片子线索较为混乱，特别是第 23 集《远征》，顺序至少应调整到第 20 集《野人山》之前。再如第 5 军第 200 师，在昆仑关战场、滇缅战场等诸多重要战役中都有浓墨重彩的表现，相关的口述及档案资料也还算充实，可以以之为线索进行问题的提炼及内容的组合。

当然，《我的抗战》只是崔永元团队在其丰富庞大的口述访谈资料基础上形成的一部作品，崔永元的整个"口述历史"公益项目包括战争、外交、电影、私营企业、社会发展史、知青等很多领域，目前所有资料都保存于中国传媒大学崔永元口述历史研究中心。我们利用学校这个特有的优势，鼓励学生在进行影像史学学习实践的过程中去中心参观、查阅相关资料，以便更好地理解崔永元老师提到的给后人留下一个"千百年后还可以和先人温馨对话的机会"的深沉关切。崔永元曾经坦陈，在其进行口述史料搜集的时候感到悲凉、孤独，抱持着自我欣赏的心态，但作品推出后强烈的社会反响使其受到了极大的鼓舞，感觉不再孤独。《我的抗战》系列作品得到了当代中国人，特别是青年人的认同，不仅因为其所采用的成熟、优秀的营销和传播方式，也不仅因为做到了"通过动画这种表现形式在凝重的抗战历史回忆中寻找到最生动的生命痕迹"，更因为有助于我们理解为什么中国的抗日战争是神圣的民族解放战争这样的问题，带领学生观看、分析此部作品，对于他们准确认知影像史学的特征及复杂性有很好的作用与效果。

影像史学不仅是学习历史的过程，还是书写，甚至是阐释、建构历史的过程，虽然中国传媒大学有着打造视频作品的显著优势，但如何将影像作品的推介、分析乃至制作与"中国近现代史纲要"课程有机融合，仍然面临严峻挑战。作为教师，我们既要意识到视频时代更需要把握好教学目标及主旨，也要努力探索，全力推动影像史学为中国近现代史课程打造亲和力、感染力、传播力，让学生"真心喜爱、终身受益"始终是我们的初心和方向。

二、《二十二》

在细读《二十二》这部作品时，要求学生重点聚焦于影像史学领域的伦理问题展开思考，这既是影像史学学习与实践的题中应有之义，对于引导学生理解中国人民抗日战争胜利对实现中华民族伟大复兴的意义这一问题也大有裨益。

2017 年 8 月 14 日，在世界"慰安妇"纪念日当天，《二十二》正式在国内院线上映。作为第一部获批公映的"慰安妇"题材纪录片，《二十二》的票房超越了此前的所有纪录片，国内收入超过

1.7 亿元。① 同年，该片入选第十四届精神文明建设"五个一工程"特别奖。② 这意味着影片不仅在市场和民间得到认可，而且被国家话语接纳，成为形塑"慰安妇"公共记忆的重要介质。"慰安妇"问题是在抗日战争期间日本军国政府对中国人民犯下的严重罪行之一，战后又在日本国内右翼力量及部分政客主导下一直未获解决，绝大多数"慰安妇"幸存者都在遗恨中离开人世，这一问题一直是我们需要认真处理的历史遗留问题，直接关乎青年人在认识抗战作用时的评价标准问题。因此，在带领学生进行影像史学作品分析的过程中，我们把重点放在《二十二》在参与历史创伤书写时所秉承的伦理问题，尝试讨论该片的突破与局限，并引导学生关注创伤题材纪录片的再现伦理问题。

（一）如何看待历史创伤

学界有关历史创伤的研究，大致有两个着手点。

其一是个体创伤研究，集中于受害者个体。这种研究路径从创伤研究的起步阶段就已经有所体现。弗洛伊德早期的创伤研究更多地从个体出发，在研究"火车出事或他种危及生命的可怕经验"之后，他发现"如果一种经验在一个很短暂的时期内，使心灵受一种最高度的刺激，以致不能用正常的方法谋求适应，从而使心灵的有效能力的分配受到永久的扰乱"，这种经验就可称为"创伤"。创伤一旦形成，"对于创伤发生时的执着就是病源的所在"。③ 从个体角度来看，入侵、后延和强制性重复是创伤的三个主要特征。

---

① CBO 中国票房网，http://www.cbooo.cn/m/642681，最后访问日期：2018 年 10 月 7 日。

② 《关于第十四届精神文明建设"五个一工程"（2014—2017）入选作品公示的公告》，载中国共产党新闻网，http://cpc.people.com.cn/n1/2017/0906/c64387 - 29517532.html，最后访问日期：2018 年 11 月 5 日。

③ ［奥］弗洛伊德：《精神分析引论》，高觉敷译，商务印书馆 2009 年版，第 218 页。

其二是文化创伤研究，更加注重从群体、社会角度出发，使得创伤不再仅局限于个体，而有了社会的、文化的属性。例如针对犹太人的大屠杀，就因其"否定和破坏两者共享的现代文明的基本价值，形成意义的'黑洞'，摧毁了历史阐释的原则"，从而使得历史认同的伤口无法愈合，① 而被视为一种典型的创伤。历史学家多米尼克·拉卡普拉在分析犹太人大屠杀问题时，区分了多种不同类型的创伤。如在创伤性体验的范畴中，拉卡普拉提出了历史性创伤与结构性创伤/超历史性创伤两个概念。他认为历史性创伤是具体可循的，并不是每个人都经历过，因此具有排他性。而结构性创伤虽然不是具体的事件，但却是"不断制造焦虑的可能性条件"。② 文化创伤的概念就在这样的研究过程中日渐形成，不仅包含亲历者个体真切的生命体验，更涵盖了创伤产生的时代背景、社会文化等结构性要素，有关研究常常集中于探问创伤主题与社会历史的内在关系。

并非所有创伤都能在具备个体属性的同时还具备社会属性，对于中国人来说，许多创伤似乎只属于某个个体或某个群体。而"慰安妇"问题则不然，它已经不仅仅属于亲历者，它的存在，还时刻昭示着近代以来民族国家灾难深重的历史过往及尚未跨越的现实困境。这一迟迟未能痊愈的历史创伤，因其书写与表达受制于各类内外部条件，关注者少、作品数量少。正因如此，《二十二》一波三折的摄制及公映过程，更彰显了主创团队在历史创伤再现过程中强烈的伦理自觉，令人钦佩。但是，创伤记忆的书写

---

① ［德］约恩·吕森：《历史思考的新途径》，綦甲福、来炯译，上海人民出版社2005年版，第143—208页。

② D. LaCapra. *Writing History*, *Writing Trauma*. Baltiore and London：John Hopkins University Press, 2001：p. 82.

在兼顾道德感的同时，其见证历史、提供证词的自觉意识还体现在对多元、复杂的历史真相的有效呈现中。从这个视角来看，影片《二十二》显然还有提升空间。我们在教学过程中会重点引导学生从这个方面入手进行思考。

（二）如何尊重幸存者

长期以来，纪录电影较难进入院线，即便能够公映，票房也往往很不理想。2015 年，13 部纪录片取得了 3163 万元的票房收入，① 而当年排名第一的电影《捉妖记》收获了 24 亿多元；② 2016 年，12 部纪录片的票房收入总计 8293 万元，③ 与此同时，故事片《美人鱼》突破了 33.9 亿元。④ 票房的惨败，或许正如时任广电总局电影管理局副局长的张宏森所评价的：“有一些作品过于个性化、私密化，无法从个性化发现上升到最大公约数的真理追求层面，没有找到一种社会平均理性与平均情感。”⑤ 而影片《二十二》显然既关照了老人们的私密与创痛，又成功地契合了社会“平均情感”。

更为值得敬佩的是，导演郭柯的成功并非来源于投机取巧，他对于“慰安妇”主题的关注开始于 2012 年。两年后，在第一部“慰安妇”题材影像作品《三十二》的基础上，郭柯完成了分布在

① 张同道：《中国纪录片发展研究报告 2016》，中国广播影视出版社 2016 年版，第 152 页。
② CBO 中国票房网，http：//www.cbooo.cn/year? year = 2015，最后访问日期：2018 年 10 月 15 日。
③ 卢杨、邓杏子：《2016 年中国纪录片叫好不叫座》，载《北京商报》2017 年 4 月 18 日。
④ CBO 中国票房网，http：//www.cbooo.cn/m/626153，最后访问日期：2018 年 10 月 15 日。
⑤ 高山：《纪录电影：积极迎接产业挑战——纪录电影发展研讨会综述》，载《当代电影》2010 年第 4 期。

5个省、29个地区的22位"慰安妇"老人的走访、拍摄工作，并将影片命名为《二十二》。他希望能为这群特殊的历史亲历者留下影像记录，让观众"看看她们2014年最真实的生活状态"。随着接触的增多，郭柯对老人们的情感越来越深，他不再把她们视为采集"历史证据"或给予"同情怜悯"的对象，[①]而是真诚希望自己的电影能够成为尊重老人现状的真实表达，从而呼唤起社会对她们生活的真正关切。

在拍摄过程中，为了不打扰老人，团队尽量尊重她们的生活习惯，"比如，老人本来习惯下午扫地，我不会让她上午去扫"，哪怕上午的光影效果要好得多。[②] 有的老人一开始不愿意说，直到相处到第七天时，才讲出了当年最伤痛的记忆，但郭柯却选择了不拍摄，他认为"老人心里的事不愿意告诉大家，我们就不能因为跟她相处熟了获取信任后拍下来给大家看，如果这样，无疑也是欺骗的行为"，"他要为老人保守秘密"。[③] 有的老人之前沟通时表示接受，但拍摄当天却突然拒绝。面对这种情况，郭柯绝对不违背老人意愿强拍、偷拍，他认为这是一个最基本的道德问题。

郭柯认为，光影的运用、矛盾冲突的塑造及故事性的刻画等与真挚的尊重相比是廉价的，他希望能为这些创伤亲历者的生活与记忆留下一份影像记录。因此，作为一位从业多年的剧情片副导演，他坚定地用了9个月的时间将65小时的素材剪成了一部没有旁白、配乐，没有历史画面、情景再现，也没有故事弧，全是

---

① 林惠虹、程稳、徐宁：《"慰安妇"题材纪录片首次进入商业院线展映〈二十二〉，以"生活"的名义牢记历史》，载《新华日报》2017年8月15日。

② 郭柯、孙红云、刘侠伦：《于时间的缝隙低语——〈二十二〉导演郭柯访谈》，载《当代电影》2017年第11期。

③ 金涛：《一场春雨下来，被践踏过的泥土照样滋养万物——作家张翎、导演郭柯对谈女性与战争》，载《中国艺术报》2017年10月11日。

日常琐碎生活的作品。

从 2014 年拍摄结束到 2017 年正式公映的三年多时间里，为了让这个群体得到更多的关注与帮助，制作团队一直努力为电影寻求更多的认可，在"剔除了功利心和猎奇态度"之后，郭柯认为自己是为了"给观众一个机会，让他们也深情地看她们一眼"，他将"镜头全部放长了"，让观众"静静地看着她们"，期待"看 15 秒钟后，观众的内心，就有自己的思考。然后就会体会这些老人，她们的生活环境，她们的心情"。① 与此同时，郭柯团队会在每年农历春节前夕走访、看望健在老人，力所能及地为老人们解决一些实际生活问题。2018 年，导演郭柯又将《二十二》产生的 400 万元个人收益及社会各界合计 1000 多万元捐款全部捐给了"慰安妇研究与援助"项目专项基金。

这部影片上映之后的行为，尤其鲜明地体现出郭柯导演强烈的价值关怀。在许多场合，他都曾经明确表示："拍电影不只是为了挣钱，影像这个东西还应该有别的功能。"② 尽管拍摄经费曾经几度告急，最困难时郭柯甚至计划抵押房产，宣发费用也是依靠众筹，但郭柯仍然坚持完成的动力并非因为乐观的市场预期，而是希望能让更多的人关注这群特殊的历史亲历者。电影票房取得了成功，郭柯认为：比起票房，"能让将近 600 万的观众走到电影院里面观看"才是《二十二》最大的成功，"因为至少有这么多的人在关注、了解这段历史"。③ 教师在引导学生评析该片时，非常

---

① 王彦、张涵月：《面对伤痛——不终日怨恨，但一刻不忘》，载《文汇报》2017 年 8 月 11 日。

② 宋利彩：《一部长篇纪录电影，讲述最后的"慰安妇"〈二十二〉：用含蓄尊重的方式去凝视她们》，载《中国妇女报》2015 年 11 月 11 日。

③ 郝天韵：《郭柯："她"要我们正视历史》，载《中国新闻出版广电报》2017 年 9 月 6 日。

强调导演的关切与坚持，尝试在学生的价值观中也烙进对于历史幸存者的尊重。

（三）如何既书写创伤又抚慰情感

可以看出，《二十二》中展示出的创伤记忆的叙事伦理试图兼顾道德感、影像叙事及呈现真相三个方面，但或许正因为要在多种因素中寻求平衡，所以削弱了此题材应有的力度。影片在收获了关注的同时，也遭遇了很多批评，许多专业人士指责电影是"碎片化罗列""缺乏力度""不够深刻"，甚至指称导演"能力有限，辜负了这深重的题材"。① 而郭柯却坚持认为：在真相已太过明显的情况下，任何所谓追问、深化都是对老人的再次伤害。他在接受采访时谈到，多年剧情片副导演的经历赋予了他制造矛盾冲突、表达激情的本能。在他的第一部"慰安妇"题材记录短片《三十二》中，为了"打捞历史"，"让她们痛说悲惨"，郭柯就曾运用过不少摆拍镜头——"比如大冬天让老人在山间小路上走了几遍，让我们拍，配的音乐也非常煽情"。② 这种做法虽然取得了一定的传播效果——该片曾获得英国"万象国际华语电影最佳影片""滨海国际微电影节最佳纪录片"等奖项，③ 但是却让郭柯很自责。特别是随着与老人接触的增多，他越来越不舍得触碰老人心中那些结了痂、永远无法愈合的伤口。以至于每当老人落泪时，他的镜头就切向大山、天空、白云。④ 当老人表示出"不要再提

---

① 葛怡婷：《〈二十二〉：她们最美的年华》，载《第一财经日报》2017 年 8 月 18 日。
② 徐晗溪：《〈二十二〉导演郭柯：对受害老人最后的凝视》，载《海南日报》2017 年 9 月 24 日。
③ 李雨卉：《纪录片〈二十二〉叙事客观化和隐喻的解读》，载《美与时代》（下）2018 年第 2 期。
④ 王彦、张涵月：《面对伤痛——不终日怨恨，但一刻不忘》，载《文汇报》2017 年 8 月 11 日。

了""不说了""心里不舒服"时，采访者也不会再继续追问。在后期的剪辑过程中，郭柯更加谨慎，对于一些可能会引发震撼感的口述史料，他选择了放弃。之所以如此，是因为郭柯认为，如果将老人视为自己的亲人，让她们"舒心地度过晚年"比"寻找真相"更重要。只有这样，他的内心才能没有愧疚。①

郭柯导演对于老人的情意与关切的确令人感动，但是他把"追求真相"与"爱护老人"对立起来，把"滴血的控诉"与"仍将继续的生活"对立起来，把"挖掘她们的痛"与"尊重和理解"对立起来的思维方式却并不可取。对于"慰安妇"老人来说，"追求真相"可能确实是在"挖掘痛苦"，但并不是要停留在痛苦中；相反，往往还会起到积极的建构作用，特别是在帮助老人构建身份认同感和社会价值感方面。

回忆的展开不一定是一个很舒适或无痛苦的过程，但"谈论一件事情可以使它更清晰，它可以代替冲动型甚至毁灭性的发泄行为"。日本学者在对山西盂县"慰安妇"进行口述采访的过程，就鲜明地体现出"挖掘真相"的正面作用。

> 起初，受害人事隔五十年听日本男人说日本话，仅此已使她们震颤，当谈话涉及性暴力时，有人呕吐，有人感觉不舒服，有人一下子茫然若失。虽然如此，她们并没有停止谈话，而是一点一点、一段一段地诉说，同进行采访者之间逐渐建立起信赖关系。有着相同遭遇的女性之间也开始互相交谈。在这个过程中，她们逐渐变得开朗起来，恢复了自信，开始有条理地讲述自己的被害过程。而且，最初说自己"死

---

① 葛怡婷：《〈二十二〉：她们最美的年华》，载《第一财经日报》2017年8月18日。

了好"的女性们，逐渐变成不"出口气"便死不瞑目，要求日本政府谢罪赔偿，并获得了自己"生存的意义"。①

从个体心理修复角度来看，讲述的过程实际上就是一个把"被叙述的自己"（事件发生时）和"讲述者的自己"（讲述故事时）并列起来的过程，涉及不同时间这些不同的自己的辩证关系。② 这种活动有助于幸存者形成与创伤经历共存并加以管控的能力。与此同时，对于创伤的叙述可以帮助亲历者更加清醒地觉知世界与人性的不完美，有学者甚至认为，回忆、叙述、治疗创伤的"最好结果就是让接受治疗者更加伤心，但是更加明智，而不是突然意识到这是一个美好可信赖的世界"。③ 因此，对于真相的挖掘虽然可能是个痛苦的过程，但目的并不是制造痛苦；相反，它是实现疗愈的前提。

缺乏对于真相的执着，这不仅窄化了《二十二》这部作品在创伤再现时的丰富性，而且也影响了影片的分量。作为影片摄制单位上海师范大学中国慰安妇研究中心主任的苏智良对于影片的拍摄作用重大，但他曾经很坦诚地告诉郭柯：电影并没有太多文献价值，它的意义是记录了老人晚年的日常生活和她们当下内心的真实想法。④ 苏教授尖锐的评价展示出学术界对历史创伤书写者

---

① ［日］小浜正子：《利用口述史料研究中国近现代史的可能性——以山西省盂县日军性暴力研究为例》，葛涛译，载《史林》2006 年第 3 期。

② ［澳］阿里斯泰尔·汤姆森：《口述史中的回忆和记忆》，载 ［美］唐纳德·里奇：《牛津口述史手册》，宋平明、左玉河译，人民出版社 2016 年版，第 80 页。

③ ［南］肖恩·菲尔德：《令人失望的遗留：后种族隔离时期南非的创伤、证词与和解》，载 ［美］唐纳德·里奇：《牛津口述史手册》，宋平明、左玉河译，人民出版社 2016 年版，第 127 页。

④ 葛怡婷：《〈二十二〉：她们最美的年华》，载《第一财经日报》2017 年 8 月18 日。

深沉的期待，即书写历史创伤的纪录电影应该有所超越。当前学术界的相关研究不仅记录创伤记忆，还对历史事实加以还原；不仅采访慰安妇本人，还围绕着慰安所的运行采访相关各类人员；不仅介绍慰安所的运行方式，还梳理其历史成因、来龙去脉。而《二十二》与之相比，就显得比较单薄。例如，影片在交代沉默者之所以沉默的原因时，使用了山西进圭村"慰安所"的空镜头，同时配有时为上海师范大学历史系研究生赵文杰的画外音，说各据点都有受害女性，但很多人"有子女"，所以"不敢说"。沉默者的失语，被简单地归结为"不敢说"。这种缺失与简化，实际上反映出媒体在报道、书写、传播"慰安妇"相关问题时的不足之处。从 20 世纪 90 年代初"慰安妇"问题得到整个国际社会关注到今天，媒体对于这一群体表面化的共性关注过多，普遍忽略了群体内部的差异。

当然，作为一部纪录电影，影片无法摆脱影像书写历史的局限，这无可厚非。正如有学者指出的，传统意义上，纪录片代表着完整、完成、知识和事实，对这个社会、世界及其运转机制的解释。但最近以来，纪录片已经代表不完整、不确定、回忆与印象、个人世界图景及其主观建构。① 以历史创伤为主题的纪录作品受制于已有叙事结构的情况非常常见，以犹太人大屠杀为例，对比东欧的证词，美国证词的开头总是倾向于创伤、暴行和失去，而结尾常为康复、希望和救赎。② 访谈需要符合叙事流派的预期，这是其固有文化标准所要求的，也是人类同情弱者、渴望正义得

---

① ［英］斯特拉布鲁兹：《新纪录：批评性导论》，吴畅畅译，复旦大学出版社 2013 年版，第 122 页。
② ［美］杰西卡·威德洪：《"总之，我们需要证人"：大屠杀幸存者的口述史》，载［美］唐纳德·里奇：《牛津口述史手册》，宋平明、左玉河译，人民出版社 2016 年版，第 216－217 页。

到伸张的共性所决定的。在结合《二十二》引导学生进行影像史学作品分析时，我们要着重从历史创伤呈现时的复杂性展开，帮助他们认识到在书写创伤时要考虑和兼顾的多方面因素。

（四）如何从个体记忆进入到公共记忆

《二十二》是一部以"慰安妇"幸存者个体经历、个体讲述、个体记忆为中心的纪录片，但在影响和形塑公众有关"慰安妇"群体和问题方面产生了巨大影响。因为"慰安妇"问题的创伤特性，在这两种记忆的形成关系和互动的过程中，要特别注意既避免创伤承载者受到二次伤害，又不削减历史创伤自身的悲剧性和反思性。

学者拉卡普拉认为，文艺重演有助于消解创伤，在叙事中，"记忆与遗忘、历史与现实、个体与共同体建构起有效的对话和转化关系"，① 亲历者可以在回忆与讲述中学会与残留的伤痛并存、和好。在《二十二》结尾处，观众看到的是老人们对生活与生命的留恋，是对个体之痛的淡化，是对施暴者的宽恕，这令人倍感安慰。

但必须承认的是，结尾处有意展现出来的乐观与宽恕并非所有老人的共同记忆，直到去世也没能等来日本政府道歉与赔偿的老人们无法都像韦绍兰、毛银梅、李美金、陈林桃老人那样乐观。"战争时有人自杀，战后也有人自杀"② ——中国"慰安妇"问题研究专家苏智良教授在就电影《二十二》接受记者采访时曾经这样说。

---

① D. LaCapra. *Writing History*, *Writing Trauma*. Baltimore and London：John Hopkins University Press, 2001：pp. 41 - 42.

② 葛怡婷：《〈二十二〉：她们最美的年华》，载《第一财经日报》2017 年 8 月 18 日。

如果认真推敲影片叙事逻辑的话，恐怕很难理解影片主体部分所呈现的简陋匮乏的生活条件、千疮百孔的生命记忆、支离破碎的家庭生活、自暴自弃的自我认知怎么能够孕育出平和、宽容、谅解的结尾？在"慰安妇"问题一直没能得到日本政府的正式道歉与赔偿的情况下，影片描摹出这样一幅谅解的图景，是否过于华而不实？

苏智良认为，《二十二》未能为全部的幸存老人留下影像记录，"有些老人郭柯没有拍到，她们不愿意面对镜头，也不愿意在任何媒体上曝光"。① 那些仍然拒绝接受任何形式上采访的老人的存在，正展示着历史创伤仍未愈合的基本现实。而时间之手未能平复创伤的重要原因之一，或许正如南非学者肖恩·菲尔德所说，"原谅"与"和解"渗透了受害者作证时所处的公共空间，甚至成了阻止暴力的唯一途径。② 经历过性暴力的老人似乎只有展现出宽容、谅解才能满足公众的期待。这种对于净化与升华的渴求可以理解，但绝对不应该是创伤记忆再现时应有的伦理。

对于幸存老人，郭柯团队在创作过程中给予了最大限度的尊重、温情。影片在展现幸存者们生存困境的同时，还深情讴歌了老人们超越性的宽恕精神，令人动容。但单一的视角也局限了影片在这一主题上的深耕，《二十二》与绝大部分已有的文字或影像作品一样，在对幸存者的记录与展现方面未能实现多少突破，那些沉默者仍未能进入公众视野，那些失语者也未能真正发出自己的声音，对于她们的呈现仍然基于群体抽象为基础的"宏大叙

① 葛怡婷：《〈二十二〉：她们最美的年华》，载《第一财经日报》2017 年 8 月 18 日。
② ［南］肖恩·菲尔德：《令人失望的遗留：后种族隔离时期南非的创伤、证词与和解》，载［美］唐纳德·里奇：《牛津口述史手册》，宋平明、左玉河译，人民出版社 2016 年版，第 125－126 页。

事"，口述访谈所擅长的"私人叙事"并未得到充分利用与挖掘。因此，影片中老人们伤痕累累、衰老无助的形象符合大众的预判，但却遮蔽了她们丰富多样的个体经历，窄化了该片创建历史意义的价值。

海南彝族老人黄有良在郭柯的印象中是一位特别沉默的老人，但是，在导演镜头前沉默的老人，不一定是实际历史进程中的沉默者。2001 年，黄有良老人与其他 7 位幸存者一起向日本东京地方法院起诉日本政府。虽然最终以 2010 年三审败诉告终，但老人作为中国内地最后一位"慰安妇"原告，① 对于推动国际社会及日本政府的重视与反思发挥了重要作用。可惜在影片中，黄有良仅仅是一位"不爱说话，每天都待在床上，很少活动"的老人。②

另一位海南籍幸存者林爱兰老人是《二十二》重点采访的对象之一，她是亚洲唯一一位有着抗日女战士身份的"慰安妇"幸存者，③ 也是勇于以自己的亲身经历为证，揭露日军"慰安妇"制度的见证人。④ 影片主要记录了老人在敬老院中的生活状态，老人的形象是衰弱的，生活是孤寂的，行动主要依靠一把椅子，唯一的养女远嫁他乡。能够说明老人辉煌经历的两块奖章是在与养老院工作人员发生争执的环节中出现在影片中的，在展现主人视之如珍宝的心态的同时，似乎还从另一个方面表现了老人日渐模糊

---

① 徐晗溪：《〈二十二〉导演郭柯：对受害老人最后的凝视》，载《海南日报》2017 年 9 月 24 日。

② 葛怡婷：《〈二十二〉：她们最美的年华》，载《第一财经日报》2017 年 8 月 18 日。

③ 杨赫：《探寻纪录片〈二十二〉"伤痛记忆"的构建》，载《中国电影评论》2017 年第 22 期。

④ 孙百卉、龙庆：《二十位"慰安妇"老人，你们还好吗？——新春探望"慰安妇"老人》，载《中国妇女报》2016 年 1 月 27 日。

的记忆力和判断力。晚景凄凉是老人留给观众的主要印象。

面对镜头是需要勇气的，在镜头前揭开自己的伤疤、公开谈论自己的创伤经历更需要一份担当。这些老人之所以勇于发声，不仅仅是出于要为自己寻回公正的基本诉求，更不是为了博得同情。老人们在生命的最后阶段敢于面对镜头留下证词，这同时意味着她们参与历史书写的主动意识有所提升。创作者如果能借助这种自觉，在协助幸存者呈现个体记忆的同时完成基于创伤承受者个体的历史叙述，补充乃至挑战已有的宏大叙事，才更有可能避免粗疏、虚假的创伤愈合，真正赋予老人们以希望。

如何处理好个体创伤的疗愈与文化创伤的确认的关系，是历史创伤呈现与书写时的关键问题。从这个角度来看，《二十二》既有值得致敬与学习的地方，也有亟待提升之处，我们在教学过程中也会尽可能从此处着力，带领同学们提升和深化认知水平。

从与集体记忆的关系来看，个体记忆可以分为三类：能映照集体记忆的个体记忆、无法进入公共记忆的个体记忆及个体属性显明的个体记忆。① "慰安妇"群体因类似的历史经历而拥有共同记忆，但这并不意味着群体内部的个体记忆都是共性大于个性。口述历史方法因其有助于实现针对记忆的深度再现及重新发现功能，已成为现阶段研究、书写"慰安妇"问题的重要方法。

在对山西省盂县进行口述调查的过程中，日本学者突破了"慰安妇"问题大而化之的"苦难叙事"模式，他们的调查结果在三个层面上取得了新的突破。一是将发生在中国的日军性暴力细分成三种不同的类型——"南京型"（南京大屠杀时的集体强奸）、"慰安所型"及"前线型"或"末端型"。山西盂县的性暴力受害

---

① ［德］阿斯曼，《文化记忆：早期高级文化中的文字、回忆和政治身份》，金寿福、黄晓晨译，北京大学出版社 2015 年版，第 33 页。

者属于第三种类型，将这种类型的女性称为"慰安妇"是不准确的。① 二是探讨了盂县性暴力受害者的主要来源及其后续遭遇的问题。他们认为，因为这些女性是由她们的保护者亲手供奉出去的，又因为与侵略者发生了性关系，这些活下来的性暴力受害者成了"共同体"的难言之隐，不管是村庄的口传历史，还是官方记录的文献历史，都有意或无意地回避了女性在战时遭受性暴力的历史，幸存者自身不得不长期保持沉默，甚至认为自己"要是死就好了"。三是梳理了民族主义话语之下"慰安妇"叙述范式的变化过程。"慰安妇"的主流叙述范式从"卖春"转向"性暴力"是在20世纪90年代以后，在中国"慰安妇"的被强迫及受害性质被确定的同时，其作为民族压迫象征符号的作用得以彰显。因此，"慰安妇"历史中有可能撕裂民族同一性的记忆必须被忘却，或者说，必须被封存。②

没有一个通用的标签能涵盖记忆打开过程中的所有特征。在关于"慰安妇"个人经历的记忆、讲述与书写中，性别政治与民族主义有着极为复杂的互生关系，如果不对具体的生命故事及现有的叙事模式加以细致挖掘与反思的话，就无法突破"记忆黑洞"，照见真实的历史。

实际上，郭柯导演既有很强的责任意识，也有很强的历史意识。他曾经公开表示："老人们的现状就是将来的历史，尊重老人的现状就是尊重历史，若干年后，这部片子本身也会成为历史资料。"③

---

① ［日］石田米子、内田知行：《发生在黄土村庄里的日军性暴力》，赵金贵译，社会科学文献出版社2008年版，序第3页。

② ［日］小浜正子：《利用口述史料研究中国近现代史的可能性——以山西省盂县日军性暴力研究为例》，葛涛译，载《史林》2006年第3期。

③ 宋利彩：《一部长篇纪录电影，讲述最后的"慰安妇"〈二十二〉：用含蓄尊重的方式去凝视她们》，载《中国妇女报》2015年11月11日。

《二十二》重在写实的纪录精神确实清晰可辨，创作团队尽可能走访了中国内地的"慰安妇"幸存者，影片的公映更是一次抵抗遗忘的努力。但创伤叙事应有的道德考量提醒我们：创伤记忆的书写伦理应该兼具道德感、叙事技巧及追求真相三个方面，脱离历史或不恰当地处理历史，"很可能会沦落为一堆不证自明或是经验主义的事实的集合"，① 无法实现为历史提供证词的初衷。

　　作为首部在国内公开放映的"慰安妇"题材纪录片，《二十二》得到了观众、市场、政府的多重认可，成为形塑"慰安妇"公共记忆的重要文化作品。此片的拍摄与公映是一次抵抗遗忘的努力，彰显了强烈的伦理自觉。但影片对于慰安妇的呈现仍然基于抽象群体为基础的"宏大叙事"，而口述访谈所擅长的"个体叙事"未得到充分利用与挖掘。在书写创伤与抚慰情感的两难处境中，群体内部的差异仍被幸存者表面化的共性所遮蔽，沉默者未能进入公众视野，失语者也未能真正发出自己的声音。通过对整部纪录片所做的分析，我们引导学生去深入认识创伤记忆的书写伦理，去学会兼顾道德感、叙事技巧及追求真相三个方面，进一步认识到影像史学在创建意义方面的独特价值。

---

① ［英］格雷厄姆·史密斯：《面向公共口述史》，载［美］唐纳德·里奇：《牛津口述史手册》，宋平明、左玉河译，人民出版社 2016 年版，第 392 页。

第七章　国家形象与影像书写记忆————

教学目标

本章在研讨分析影像资料的基础上，厘清历史线索，进行价值引导，形塑国家认同。一方面从宏观上把握建立新中国的历史意义，更重要的是在历史叙述的基础上勾勒关于新中国的历史记忆；另一方面则在新的影像表达形态中探究深深根植于中国人内心的家国情怀和沉淀于个人的家国记忆。

作品分析

本章选取贴合教学内容的电影《建国大业》，分析"政治协商、民主建国"的影像叙事。另外选取微纪录片《国家相册》，从课堂内向课堂外延伸，从历史向现实延伸，探讨影像叙事的结构和逻辑。

一、新中国的历史记忆:《建国大业》

早在 1902 年,梁启超的《新中国未来记》开启了近代中国人对新中国的畅想。1949 年中华人民共和国成立,这一事件的意义不仅在于宣示了一个饱受侵略的民族浴火重生,正如毛泽东所说,"我们有一个共同的感觉,这就是我们的工作将写在人类的历史上,它将表明:占人类总数四分之一的中国人从此站立起来了"①,更重要的是开启了新的时空,正如胡风在长诗《欢乐颂》中大声喊出的"时间开始了!"② 中华民族的抗日战争取得胜利,中华人民共和国的成立为新中国的形象与记忆提供了最重要的历史依据,因而也是影像作品着力展现的重大主题。这里以 2009 年上映的电影《建国大业》为主要分析对象,从叙事主题、叙事策略及由献礼影片而形成的新主流电影模式几个维度进行深入探讨。

(一) 政治协商、民主建国的叙事主题

中华人民共和国的成立作为开启新的历史阶段并具有世界意

---

① 《中国人从此起来了》(1949 年 9 月 21 日),载中共中央文献研究室编:《毛泽东文集》(第 5 卷),人民出版社 1993 年版,第 343 页。

② 胡风:《时间开始了·欢乐颂》,载《人民日报》1949 年 11 月 20 日。

义的重大事件，相关的影像呈现往往在定位和创作上尤为严肃谨慎。不同于 1989 年上映的《开国大典》全景展现中国共产党取得三大战役胜利至 1949 年举行开国大典的历史进程，作为中华人民共和国成立 60 周年、中国人民政治协商会议第一届全体会议召开 60 周年的献礼电影，《建国大业》讲述从抗日战争结束到 1949 年中华人民共和国成立前夕在政治上急剧变化的时段，在直面国共内战的过程中引入国民党进步将领和民主人士的视角，着重展现了"政治协商、民主建国"的进程。

"政治协商、民主建国"的主题选择，消解了凌驾于影像之上的全知全能的叙事主体带来的绝对化，借由国民党进步将领和民主人士在影像中的第三方视角，引领观众更具理性地认识以毛泽东为代表的中国共产党如何被历史和人民选择。影片在如历史长卷一般的影像呈现中不断闪现国民党进步将领和民主人士等的鲜明形象，比如令人印象深刻的宋庆龄、李济深、张澜等，既体现着电影纪实性的特征，同时又以一种洗练的叙事方式通过人物凸显筹备政治协商会议、建立新中国等历史事件。影片用了大量镜头展现中国共产党为召开中国人民政治协商会议所做的各种努力，在光影明暗变化中展示中国共产党是民心所向。比如，重庆谈判期间，张澜与毛泽东、周恩来协商的情节中，光线从明暗分明转而逐步弥漫开，变得柔和，预示了民盟与中国共产党人之间达成理解，以及民主党派与中国共产党的和衷共济；在上海解放的清晨，宋庆龄饱含热泪地看着露宿街头的解放军战士，则宣示着共产党人与人民的军民鱼水情。这一叙事视角的意义不仅在于有了区别于国共双方的第三种声音，更重要的是通过这股力量、这个声音将观众带入其中，体会影片结束时飘扬的红旗所含的意蕴，即不同的政治力量最终在中国共产党的领导下形成共识，在"民主协商"的热烈氛围中完成"建国"大业的历史逻辑。

　　"政治协商、民主建国"的主题选择，直面国共内战，在对比之中展现国民党在抗战胜利后日益陷入派系纷争、贪污腐化和战场失利、外部失势的败局之中，而中国共产党人则朝气蓬勃、励精图治、由弱变强，最终掌握全国政权。这一对比在同类型影片中并不少见，比如1989年上映的《开国大典》就将叙事重点集中在毛泽东、蒋介石所代表的国共两党在解放战争最后一年中的角逐。《建国大业》则更多地压缩了战争场面，通过营造明暗氛围暗示胜败结局。以毛泽东为代表的共产党人常常出现在充满乡土气息、温暖柔和的自然光里，以蒋介石为代表的国民党人出场的背景则往往色调阴冷、潮湿沉闷。正如唐小兵所分析的，"这样的色彩安排和对比是一个精心的视觉提示，也加强了剧情在主题意义上的协调和完整。通过强化乡村与都市的对比，自然环境与人造环境的差别，影片的色彩设计也就间接地对两个政党不同的文化背景和权力基础做了评论，可以说正是这些深刻的差别，决定了国共两党的命运"。①

　　"政治协商、民主建国"的主题选择，重在"建国"，在于表达近代以来中国人对于新中国的热切期盼以及对于新中国成立的欢欣鼓舞。影片中有两个场景着重展现了"建国"的情感叙事。其一是毛泽东检阅部队的场景，从毛泽东举手敬礼到观众通过他的视角看到回忆式的历史画面串联，这段镜头语言既是想象的毛泽东的内心活动，又让观众获得一种历史的视角和"江山来之不易"的由衷观感。其二是在影片结尾，沿用《开国大典》直接将历史镜头切入影片的手法来体现其历史品质，在背景音乐的烘托

---

① 唐小兵：《流动的图像：当代中国视觉文化再解读》，复旦大学出版社2018年版，第276页。

下纪录片似的色调转而鲜艳起来，最终展现如明信片一般的五星红旗飘扬于蔚蓝天空的画面，由此不仅完成"建国"主题的历史叙事，更在情感上使当下的观众与历史的欢庆产生共鸣，强化了国家认同。

(二) 史诗、戏剧与狂欢的叙事策略

前文已经提及，以《开国大典》为代表的影片对待历史非常严谨，力图通过凝重的手法重现历史，这一传统在《建国大业》有所延续，但又有了更多叙事策略上的转变。

其一，在英雄史诗的基础上打破唯一的全知全能的权威叙事主体。丁亚平在分析李前宽进行宏大历史叙事的银幕书写时指出，《开国大典》展现了"对史诗式美学风格的求索"，明显看出信仰的力量，"富有诗性观念和艺术的审视与创意"。① 《建国大业》的拍摄则力求"带给影片一些史诗性诗意化的因素"② 的历史叙事多线索展开，这自然与其"政治协商、民主建国"的主题选择有关，围绕"建国"各方力量折冲樽俎因而并行的情节线索同时展开，通过关键人物和关键场景来推动和关联，在各种开会场景（据统计，全片有上百场景均在开会）来回流转的调度中，在观众的意识中形成总体的宏大叙事"建国"。用电影总导演韩三平的话来说，影片的叙事要"把 1945 年到 1949 年的重大事件浓缩后，着力刻画其间涌现出来的人物，让他们一个个生动而富有戏剧性的人生择点穿成一串光芒闪烁的历史珠玑。这条'项链'就是我们送

---

① 丁亚平：《宏大历史叙事的银幕书写——论电影导演李前宽》，载《电影艺术》2012 年第 5 期。

② 黄建新：《〈建国大业〉是一部理想主义作品》，载《三联生活周刊》2009 年第 7 期。

给祖国母亲 60 岁生日的礼物"。① 这当然也有另外的现实考虑，《建国大业》另一位总导演黄建新曾表示，2009 年年初拍摄影片的三个月里，很大一部分工作实际上是协调参加演出的各位明星的日程表。"每个当红演员都有各自的档期，既要合理安排，又要把他们'集中演练'"，这就导致导演的思维不能够以创作为中心、一个场景一个场景的拍法，而是跳跃的、配合演员时间的"流窜拍摄"。② 可以说，《建国大业》放弃了严谨缜密的叙事追求，而并未放弃中国共产党领导"建国"这一主线。

其二，在历史事件的基础上通过人物的故事化叙事打造历史剧场。实现故事化的常用策略之一是使历史人物具有人性化的、具有戏剧张力的形象，《建国大业》中尤为突出的是毛泽东、蒋介石两个代表人物。电影导演曾表示，恰恰是观众对于他们的熟悉又脸谱化的印象，给了他极大的发挥空间。③ 在毛泽东的形象塑造上，尽管影片在演员选择上并未太有突破性，但在人物情绪的展现上更进一步，不仅有毛泽东背着女儿嬉戏玩闹，有他收到冯玉祥遇难消息后的大发雷霆，还有他因为胜利的消息传来而激动、歌唱、流泪乃至醉着微笑的画面，对领袖的历史记忆进行了符合当下语境的重构。在蒋介石的人物呈现上，影片给予了更多理解的同情。蒋介石对国民党党内纷争与贪腐的无力回天、对蒋经国的寄望与欣慰、放弃轰炸北平的落寞与无奈都让这个往往在影视作品中被刻板地表现为用江浙口音骂人的人物形象更能够为观众理解和接

① 端木晨阳：《〈建国大业〉群星灿烂》，载《大众电影》2009 年第 19 期。
② 《〈建国大业〉将公映 专访导演黄建新》，https：//ent. sina. com. cn/m/2009 - 09 - 15/ba2699611. shtml，最后访问日期：2024 年 2 月 2 日。
③ 《〈建国大业〉将公映 专访导演黄建新》，https：//ent. sina. com. cn/m/2009 - 09 - 15/ba2699611. shtml，最后访问日期：2024 年 2 月 2 日。

受。此外，让观众颇为惊喜的是此前影视作品刻画不多的蒋经国形象，其请命赴上海打老虎的决心、对上海市市长做派的回绝等让人深觉这一人物可信。这些场景的呈现，如同通过电影形成了一个开放的剧场，在对人物的故事化重塑的同时，吸引观众思考历史人物艺术形象背后的人文内涵和历史走向，而此时"观众并没有意识到当他们看电影时是积极地参与了含义的构成"①。

其三，在明星效应造就的狂欢基础上构筑民族国家的大历史观。正如一些学者所指出的，《建国大业》通过众多明星的客串、小品式的表演而组成一串高潮迭起、亮点纷呈的项链。② 这种狂欢式的叙事基调在总体上呈现了光明的、豪迈的、向上的国家形象，表现的是新中国在中华民族历史上的必然性，更重要的是在剧情中强化了民族国家的大历史观。《建国大业》对国民党的呈现没有简单地漫画化，不仅通过蒋经国与杜月笙在上海的正面对峙深入剖析国民党政权的内在困境和权力失序，更是通过蒋经国"上海打虎"的"国事"最后成为宋美龄客厅"家事"而无法推动后，借蒋介石之口无奈又沉重地讲出："国民党的腐败已经深入骨髓；反，亡党；不反，亡国。难！"共产党在军事上势如破竹地推进之际，蒋介石在回答蒋经国"毛泽东就一定不会接受南北分治的局面吗？"的问题时，慨然回答，"谁的态度也不用看。南北朝可以出现在过去，但绝不会出现在今天。谁敢当这个千古罪人？这个胆量我没有。"这些片段使超越党派政见、捍卫国家统一的民族大义和家国情怀得以展现，同时影片的基调也得以升华。

---

① ［美］托马斯沙兹：《旧好莱坞/新好莱坞：仪式、艺术与工业》，周传基、周欢译，中国广播电视出版社 1993 年版，第 225 页。

② 李良嘉：《从民俗看献礼片》，载《中南大学学报》（社会科学版）2012 年第 19 卷。

（三）历史与现实之间的新主流电影模式

《建国大业》作为 2009 年上映的献礼影片，不仅引起广泛关注、获得极高票房，更是引起电影业界、学界和观众的广泛讨论。该片被原国家广播电影电视总局时任局长称为"揭开新十年的序幕"，"为政治、艺术、商业三性合一开辟道路"。① 与此同时，该片在海外被贴上"由中国的电影管理部门委托""政府出资制作的宣传品"的标签，在英媒《独立报》等媒介获得积极评价。② 在此还需要延伸探讨的是作为特定类型的影片，《建国大业》如何在历史与现实之间开启被学界称为"新主流电影"的模式。

如果以政治性为主要考量在中华人民共和国电影史上找寻《建国大业》同类型影片的话，可以追溯到 1951 年 3 月举办的"国产电影展览月"以及 1959 年中华人民共和国成立十周年创作的 35 部献礼片。而真正意义上的同类型影片创作高峰则出现在 20 世纪 80 年代后期"主旋律电影"概念的提出和"重大革命历史题材影视创作领导小组"成立之后，此后生产创作了《开国大典》《大决战》等长期被冠以重大革命历史题材影片之名的大批优秀作品。特别是 1989 年上映的《开国大典》为后来的同类型影片奠定了基本的历史基调和审美追求。比如对电影的纪实性的高度追求，《开国大典》通过调用历史影像和录音，特别是把修复上色的珍贵影像资料与新拍摄的镜头融为一体，这种虚实结合的影像表达，"由此也生出一种真实性与假定性、纪实性与表现性相结合的纪实

---

① 中国电影艺术研究中心、中国电影资料馆编：《启示：〈建国大业〉解密与剖析》，中国电影出版社 2009 年版，序言第 5 页。
② 中国电影艺术研究中心、中国电影资料馆编：《启示：〈建国大业〉解密与剖析》，中国电影出版社 2009 年版，第 565 – 567 页。

美学风格，赋予了影片独特的历史厚重感与真实质感"。① 这一品质在 20 年后的《建国大业》中仍有体现。正如导演黄建新所说："电影应该用最通俗方式让观众看到历史，所以我们需要的是细节和情境。"②《建国大业》把历史真实、历史细节的呈现提升到一个新的高度，沿用了引用纪录片嵌入电影叙事的方式，同时放弃了庄严的旁白，而只用非常简练概括的字幕点出事件和人物，营造出纪录片的质感。此外，影片在影像呈现上援引了颇有影响的著名画作，提升了历史呈现的审美高度。比如毛泽东和周恩来站在岩石上瞭望群山的镜头中，巨石下面一队队的解放军战士在山谷中行军，是用镜头演绎了著名国画《转战陕北》；1946 年闻一多在暗夜被国民党特务杀害，闻一多的造型及回头定格的画面直接参照了他生前最为人所熟知的照片以及根据这幅照片创作的木刻版画；电影临近结尾时，解放军战士攻克南京总统府、取下国民党政府国旗的场景则与陈逸飞和魏景山于 1977 年创作的著名油画《占领总统府》高度一致。③

　　同时，仅有力求真实的历史呈现和审美提升显然不足以在 21 世纪引发热议，还需要电影在创作上具有创新性。《建国大业》最突出的特点是严肃与诙谐之间的平衡，在正剧的基调上添加了喜剧元素。王宝强向饰演上级的葛优报告前面发现一个地主家大院，手榴弹怎么炸不开这一幕至今仍是短视频剪辑的重要素材。自带喜感的郭德纲扮演的照相师傅也贡献了影片的一大笑点，极

---

① 赵凤兰：《"银幕大将军"的共和国情结——访电影艺术家李前宽》，载《中国文艺评论》2019 年第 6 期。
② 中国电影艺术研究中心、中国电影资料馆编：《启示：〈建国大业〉解密与剖析》，中国电影出版社 2009 年版，第 37 页。
③ 唐小兵：《流动的图像：当代中国视觉文化再解读》，复旦大学出版社 2018 年版，第 281 页。

大地消解了战争和政治斗争的铁血和残酷，形成了独特的审美情趣，并借此弥合了信息量巨大又节奏很快的历史叙事、商业叙事和民间叙事，在诙谐之中留出了喘息和想象的空间。众星云集带来的明星效应，也不完全是一种商业考量，《北京青年报》将其称为"明星我猜我猜猜猜"、《南方都市报》则刊出明星出场时间盘点①，可见这一创作策略的实际效应在于通过明星吸引观众在明星形象与历史人物的反差中继续去谈论、挖掘历史背后的故事，进而使影片成为一个话题、一个社会现象，借此勾连历史与当下的社会。此外，作为宣传噱头，在献礼中华人民共和国生日的名义下，百余位明星不仅主动零片酬集结于电影之中，并且通过各路媒介在戏外打造出超越电影本身文本意义的集体狂欢氛围。然而，这一点也引起学者的隐忧，"它就像一场超级华丽的游戏，大场面越是真实，历史性一刻越是庄重，布景、道具、音响等越是讲究，场面越是严肃，就越有游戏的快感，越是具有喜剧的味道"，这种"媚俗也使影片陷入了某种道德的困境"。②

通过电影把过去的历史事件转化为当下社会关注的文化事件，更需要考察的是电影与其创作时代的对话方式。前文多次提及的《开国大典》恰逢 20 世纪末，所以影片采取的是国共两党两条线索平行叙事，同时又着力于两大集团的力量转变、背后的民心向背以及历史选择的必然性。影片之所以令不止一代人津津乐道，关键在于避免了教条化的阶级斗争的叙事方式，塑造了更为人性化的伟人形象，可以说是那个年代的电影创作者与当时的人们对

① 中国电影艺术研究中心、中国电影资料馆编：《启示：〈建国大业〉解密与剖析》，中国电影出版社 2009 年版，第 577 页。
② 解建峰：《革命历史题材电影的意识形态及其困境（1990－2011）》，上海大学 2012 年博士学位论文。

革命年代的一种怀旧意味的回顾和对革命历史记忆的重塑。《建国大业》面对的则是更为复杂的大众心理。影片努力运用加快节奏、镜头调遣等手段使占到电影一半以上的开会内容适应现代人的节奏感。[①] 此外，原国家广电总局电影局时任副局长在谈到《建国大业》电影时特别强调了"工业化程度"和"现代管理"，"在影片生产过程中就已经开始发挥推广、宣传、营销这样一些机制的作用"，"用最强势的覆盖性的力量来对历史进行言说，就构成了对人们心理的一种微妙的呼唤"。[②]《建国大业》试图与当下观众展开对话，特别是把"历史"与"现实"放置于电影所营造的公共场域之中，在狂欢庆典似的氛围中把历史叙事与对当代政治生活的理解与言说对接起来。

抗日战争胜利后至中华人民共和国成立这段历史，时间不长，意义重大，而其中"新中国"的意义又在不同时代的影像中不断重塑。《建国大业》在其历史叙事和政治叙事上承袭着《开国大典》一代电影人的审美与价值取向，同时又面临着新的时代语境进行了主题选择、叙事策略和电影模式的调整与尝试。特别是在历史事实高度限定、观众整体认知水平有所提升的背景下，怀旧式的祭奠历史让位于面向未来的展望，因此影片最后飘扬的红旗，不仅是作为视觉符号用以象征影片主题，更是"新中国"的象征，召唤着观影者的主体意识和身份认同，这将是影片所述历史更为持久的力量所在。

---

① 《建国大业》最终使用了 1347 个镜头，比一般电影的六七百个镜头多了一倍。参见中国电影艺术研究中心、中国电影资料馆编：《启示：〈建国大业〉解密与剖析》，中国电影出版社 2009 年版，第 21 页。

② 中国电影艺术研究中心、中国电影资料馆编：《启示：〈建国大业〉解密与剖析》，中国电影出版社 2009 年版，第 40、42 页。

二、《国家相册》中的家国叙事

20世纪以来，图像（image）不仅包括各种画像（素描、写生、水彩画、油画、版画、广告画、宣传画和漫画等），还包括雕塑、浮雕、摄影照片、电影和电视画面、时装玩偶等工艺品，奖章和纪念章上的画像等所有可视艺术品，甚至包括地图和建筑，[①]在人类社会生活和知识生产等方面日益重要。图像入史古已有之。[②] 图像（包括广告、电影）作为可被观察、被解读的社会文化的表征，是广义的历史文本，产生于特定的情境之中，承载着某时代社会情境下人们的历史记忆。[③] 在史学领域经历了20世纪六七十年代史学理论"叙事的转向"，特别是海登·怀特提出"影像史学"概念后，图像不仅作为证据、有待分析的材料，而且日趋成为记录和传播历史的载体，形成不同于历史学者所习得的语言文字的编码、传达的叙事。在经历了印刷和摄影两次制作革命后，图像正在经历新媒体革命。动态影像势不可当地崛起，新媒体进一步加速其传播，使制作与分享的权力主体更多元化。[④] 微纪录片等新样态方兴未艾，成为学界探讨媒介、历史、记忆三者的复杂联动这一议题的重要分析对象。[⑤]

《国家相册》是继献礼中国共产党成立95周年的微电影《红色气质》大获好评后，延续其"用照片来说话"的思路，依托新

---

① ［英］彼得·伯克：《图像证史》，杨豫译，北京大学出版社2018年版，第1页。

② 中国社会科学院历史研究所文化史研究室编：《形象史学研究》，人民出版社2013年版，第5页。

③ 王明珂：《田野、文本与历史记忆》，载《思想战线》2017年第1期。

④ ［美］斯蒂芬·阿普康：《影像叙事的力量：在多屏世界重塑"视觉素养"的启蒙书》，马瑞雪译，浙江人民出版社2017年版，第19–21页。

⑤ 张钊瑜、朱丹红：《新华社微纪录片〈国家相册〉的媒介框架分析》，载《新闻知识》2019年第1期。

华社中国照片档案馆而打造的微纪录片栏目。该栏目自第一期《胜利的日子》于 2016 年 9 月 2 日推出,目前已播出四季,共 200 余集,在互联网、电视台、移动端、户外屏幕等平台同步传播。《国家相册》依托于照片,但不拘泥于平面的展现形式,通过运用 3D 建模、C4D 呈现、AE 等特效手段让"照片动了",通过后期团队的创意设计和改造让"历史活了"。① 该栏目因形式新颖、制作精良而受到关注和好评,并引发影视制作单位和学者的关注和讨论。《国家相册》的讲述人陈小波指出,该节目"结构繁复",是由经典历史图片、文字叙述、音乐及制作等全部糅合呈现的完整状态,"国家相册,其实也是国与家的相册"这一断语可谓其核心。② 新华社总编辑何平在写给《国家相册》创办一周年的寄语中也将"国史沧桑百年间,家世沉浮梦如烟"作为首句。以下聚焦于《国家相册》"用照片来说话"的叙事方式,探讨该栏目影像与文字融合背后的选题、构思与逻辑如何构筑了立体化的家国叙事,展现并形塑大众意识中的家国观念。

(一) 以情节构筑立体时空,展现家国叙事

正如历史学者所言,历史文本帮助我们透视过去,然而,历史学家的语言本身又构成了对于本真的历史经验的威胁,毕竟,有太多的历史经验是无法被"语言的囚笼"所捕捉的。③ 而图像则恰好能够表达文本的"言外之意"。图像是无言的见证人,它们提

---

① 胡玥聪:《"照片动了,历史活了"是怎样做到的?——〈国家相册〉后期制作的创新实践》,载《中国记者》2017 年第 10 期。

② 陈小波:《每周,到历史深处走一遭——〈国家相册〉图片遴选手记》,载《中国记者》2017 年第 10 期。

③ 彭刚:《叙事的转向:当代西方史学理论的考察》(第二版),北京大学出版社 2017 年版,第 77 页。

供的证词难以转换为文字。① 《国家相册》要使照片"串起来、动起来、厚起来"，② 核心问题在于如何在微纪录片有限的时间体量内贯通时空，展现立体的家国叙事。

以时间点为中心，延展历史脉络。时间是历史叙事重要的标志，将历史事实单纯按照发生的先后顺序记录下来，所产生的就是历史著作最简单和最初级的层面——编年。③ 因此，时间也构成了历史类纪录片最基本的叙事逻辑。《国家相册》里的照片都有明确的时间标注，这构成了若干叙事的逻辑起点。比如在《国家相册中的红色气质》一集，用了 1928 年和 1935 年两个 6 月 18 日串起瞿秋白的事迹。《传奇"两份报"》则是以《红色中华》在不同时间不同出版地出版的两份第 264 期为时间标志，讲述了长征时留守和远征的共产党人各自历经考验、共有一片丹心的历史，是红中社与《红色中华》的浴火重生，更是中国革命的浴火重生的历史。

以空间为原点，汇聚时间线索。20 世纪后半叶，西方人文社会科学领域出现所谓空间转向，这一转向也影响到纪录片的选题及叙事。《国家相册》中也不乏以空间作为叙述原点的尝试：或是以特定场所为核心，比如《童梦起飞时》里从苏联学来在中国普遍建立以课外活动推进儿童教育的"少年宫"；或是以颇具特色的城市空间为核心，比如《一茶一人生》中茶馆从公共生活的唯一变为之一的成都以及《抵达与离开》中接纳并养育了犹太难民的上海；或是以地标性的地点为核心，比如《山就在那里》《山仍在

---

① ［英］彼得·伯克：《图像证史》，杨豫译，北京大学出版社 2018 年版，第 12 页。
② 陈小波：《每周，到历史深处走一遭——〈国家相册〉图片遴选手记》，载《中国记者》2017 年第 10 期。
③ 彭刚：《叙事的转向：当代西方史学理论的考察》（第二版），北京大学出版社 2017 年版，第 8 页。

那里》中被一代代背负不同使命的攀登者视为终点的珠穆朗玛峰。

以情节为核心，构筑时空逻辑。在海登·怀特看来，情节化是一种将构成故事的事件序列展现为某一种特定类型的故事的方式，亦即进行历史解释的一种方式。[1] 在《国家相册》中，核心情节既可以是沉浸于普罗大众日常生活的"年夜饭""赶集"，比如《不变的温暖》《农村的买卖》；也可以是凸显时代的重大事件，比如《悲欢母亲河》，这一集的核心情节就是人民治黄。以贯穿人民治黄70年的王化云为主要人物，引出毛泽东视察黄河、小浪底水库建设的大故事；以吴崇华、王秀荣作为人民治黄中"人民"力量的体现；通过黄河受灾的情景、人民治黄的劳动场面、俯瞰黄河的全景的穿插对比之中，配合着解说词的时间提示：五千年文明、1946年、1952年、1992年、2000年，把70年来黄河从"几近不治"到"岁岁安澜"的历史变迁提升为中华文明、中华民族在中国共产党领导下书写传奇的高度。这一集的编剧双瑞将这一模式概括为："主故事"、"二级故事"、点线面结合。[2]

（二）以隐喻嵌入叙事逻辑，凝聚家国记忆

18世纪初兴起的两种想象形式——小说与报纸，为"重现"民族这种想象的共同体提供了技术的手段。[3] "用照片来说话"的《国家相册》则不仅构筑了立体化的家国叙事，更以影像为基本元素嵌入其中，凝聚家国记忆。

挖掘个人传奇中的意象，隐喻家国历史，弘扬民族精神。以

---

① 彭刚：《叙事的转向：当代西方史学理论的考察》（第二版），北京大学出版社2017年版，第12页。

② 双瑞：《当记者成为〈国家相册〉编剧：跨界叙事探索新闻新表达》，载《中国记者》2017年第10期。

③ ［美］本尼迪克特·安德森：《想象的共同体：民族主义的起源与散布》，吴叡人译，上海人民出版社2016年版，第23页。

小人物讲述大时代是纪录片常用的手法。"家国同构"是根植于中国传统社会的基本特征，"以家喻国"，将个人成长、家庭命运与国家兴亡、社会发展融为一体的叙事逻辑为政论片、历史纪录片和年代剧广为采用。从央视纪录片《见证》、大型人物传记纪录片《百年巨匠》，到最近受到关注的政论片《我们一起走过——致敬改革开放 40 周年》，从年代剧《人间正道是沧桑》《父母爱情》到《大江大河（第一部）》《人世间》均采用了"家国同构"的叙事逻辑。[①] 对"个人化"的强调是 20 世纪 80 年代以来纪录片强调其真实性、坚持纪录片品格的重要话语。[②]《国家相册》通过意象转译使个人成为中华民族形象和精神的具象化。比如《云端的传奇》中参与"两航起义"、开创新中国民航事业的潘定国的传奇，通过潘定国美国留学期间受人嘲笑、作为"黄种人"所背负的民族情感，将其行为动机与民族国家的成长相勾连，与民族复兴的宏大叙事暗合，其核心在于"中国人的蓝天梦"；《江上往来人》中卢作孚指挥抗战抢运的传奇，其核心在于"航运人用智慧和勇气保住了中华民族工业的火种"。借由蓝天、长江这些意象，那些在历史关口的典型人物成为民族精神的承担者，他们的传奇由此与家国历史深度契合。

在普通个体构成的群像中，唤醒家国记忆，承载民族精神。在《国家相册》的叙事中，个人经历的背后并不是个人立场，而是以历史上默默无闻又顶天立地的个人作为象征，呈现作为民族精神道德载体的群像。比如"人民"。颇有意味的是《国家相册》

① 李小华、覃亚林：《论主旋律影片家国情怀的历史脉络与现实逻辑》，载《现代传播》2018 年第 7 期。
② 吕新雨：《记录中国：当代中国新纪录运动》，生活·读书·新知三联书店 2003 年版，第 14 页。

栏目第一季第一期在日本签署向联合国投降书的同月同日，即 9 月 2 日播出，这一集名为《翻身的日子》，核心人物是作为解放区农民代表参加新政协、受邀到天安门城楼参加 1949 年开国大典观礼、有机会向毛主席敬酒的曹铁，实际上呈现的是作为国家主人的"人民"这一抽象概念的具体化，落脚点在于"数千年来备受欺压的老百姓，终于获得了平等，受到了尊重"。再如"劳动者"，马克思的"劳动"这一概念有效地确立了"劳动者"的主体地位，不仅是政治的、经济的，也是伦理的和情感的，并且从中发展出对国家政权的新的形态想象。① 为五一劳动节而作的《身边的劳动者》一集可谓典型，通过时传祥这一典型人物，在不同时代处于工作场景之中的邮递员、保育员、售票员、电力工人纷纷登场，通过时传祥的孙女所讲"以辛勤劳动为荣"、交通警察的"宁愿一人苦，换来万人福"等可谓点睛之笔的语言，凝练概括了蕴含于个人身上的、作为劳动人民这一群体的道德实质，正如总编辑何平给《国家相册》题词"美丑真伪皆昭然"所示，该栏目由个人及群体，由政治身份和道德担当，凝聚起观众的历史记忆，建立起国家形象。

从中华民族的标志性象征切入，凝聚家国记忆，展现民族复兴。正如研究关于大屠杀历史纪念物的詹姆斯·扬所言，有关这个时代的公共记忆在大量激增的记忆图案和空间里得到了铸就。② 《国家相册》在叙事上避免直抒胸臆式地抛出"民族复兴"这一宏大主题，试图突破文字与影像的思维和逻辑鸿沟，以言表意，以

---

① 蔡翔：《革命·叙述：中国社会主义文学——文化想象（1949－1966）》（第 2 版），北京大学出版社 2018 年版，第 273 页。
② ［德］阿斯特莉特·埃尔、安斯加尔·纽宁主编：《文化记忆研究指南》，李恭忠、李霞译，南京大学出版社 2021 年版，第 357 页。

隐喻达到"言犹未尽还无言"的效果。① 比如前文提及的《悲欢母亲河》一集，多次出现的黄河全景就是中华文明与中华民族的象征，黄河受灾与两岸绿地良田的画面对比则是中国共产党领导人民治黄使黄河变害为利的有力论证。再比如《麦田的守望者》一集，俯瞰农田的画面、麦的象形文字都象征着以农业为基础的中国，不断变迁的麦客形象及表情，以及片子结尾处在闪现遍地黄金麦浪的麦收场景后用长镜头展现的从麦到馍组图，则呼应着片子里灾荒年景卖儿卖女到当下实现温饱并充满希望的变迁。《于是有了光》一集更是以象征了光明与进步的"光"为线索，从1882年的上海国人围观电灯通电讲起，落脚到青海高原村落老人生活的改变，通过现代化的进程点出"一个国家对国计民生所付出的努力"。

（三）以情感唤起家国情怀，传承红色气质

将家国情怀建构于家庭悲欢离合之上，凸显那些舍家为国故事背后的家国情怀。"情感"本身就是中国共产党的工作传统，由"情感提升"产生的奉献精神，同时以牺牲之精神投入高度情感化的正义事业之中，正是中国革命留下的宝贵遗产。② "用照片来说话"的《国家相册》立意与主旨如其前身微电影《红色气质》所揭示，不仅要讲述家国历史，更要传承以信仰为基础的红色气质，其叙事特点之一即在于情感的运用，正如讲述人陈小波在接受采访时所说，把历史事实与相对克制的情感元素相结合，"用历史照片搭建一个完整的主题，虽然是陌生化的陈述，但要让大家找到共同的情感点"。③

---

① 新华社"国家相册"栏目组：《国家相册》（第一辑），人民出版社2018年版，封底题诗。
② 裴宜理：《重访中国革命：以情感的模式》，载《中国学术》2001年第4期。
③ 《从〈红色气质〉到〈国家相册〉：新华社领衔编辑陈小波讲述背后的故事》，载《中国记者》2016年第12期。

在家庭的悲欢离合之上，使家国情怀的叙事更为丰满动人。在分析《白毛女》的演变时，孟悦曾指出，民间伦理逻辑的运作与政治话语的运作之间存在一种交换。民间伦理逻辑乃是政治主题合法化的基础。家庭作为社会基本单位，在亲子关系、邻里关系之中蕴含着的民间伦理秩序的稳定是政治话语合法性的前提。①纪录片中常见的逻辑是个人命运、家庭变迁与国家发展息息相关，甚至被化约为一种一荣俱荣、一损俱损的关系。《国家相册》则是以情感为纽带以家喻国，比较典型的是《情满全家福》一集。该集以拍全家福这"一场最有仪式感的家庭活动"为切入点，点出"中国人对家的依恋"，随后用离家抗日缺席全家福的左炳然的家庭故事点明"覆巢之下安有完卵"，用左家兄弟二人一人作为人民解放军牺牲于1948年的淮海战役，一人则被拉壮丁去了台湾50年后才得以与家人见面的对照，既以家庭伦理淡化了二人可能在战场刀兵相见的政治言说，又以血脉相连隐喻了两岸关系。

在舍家为国的动人事迹背后，揭示以信仰为支撑的红色气质。《国家相册》在叙事中，一方面，通过家庭人伦的细节使人物形象丰满的同时，更通过共情凸显这背后的牺牲与崇高，比如《最难是离别》中新婚三天就离家赴任的中共党员李才莲，《因为我相信》中多才多艺、家有老母亲和贤妻爱子却都舍弃的焦裕禄，《原来他会笑》中有着人间烟火气却又争当民族魂的鲁迅、瞿秋白；另一方面，则是在《红色气质》《因为我相信》《国家相册中的红色气质》《我想你》等具有纪念意义的主题中，集中展演李大钊、方志敏、王孝和等革命先辈事迹的情节与细节，将中国共产党人概括为"一群因信仰而有特殊气质的人"，并进一步强调"选择什

---

① 唐小兵：《再解读：大众文艺与意识形态》，北京大学出版社2007年版，第56-58页。

么样的信仰，就会生发出什么样气质"。整个栏目在叙事上别具匠心之处即在于，并不过多着笔墨于中国共产党，在老照片之中、话语言说之外，把领导民族复兴和国家治理的领导力量寓于因信仰而有特殊气质的共产党人群像之中。

在生命的代际转换中映射精神内核，隐喻红色气质的传承与弘扬。"红色气质"作为中国共产党人的精神内核，意味着信仰与牺牲，更需要传承与弘扬。一方面，从血脉相承的角度，借烈士后代之口表露红色气质。从《国家相册》的前传的《红色气质》到《因为我相信》《国家相册中的红色气质》等为建党 95 周年、99 周年、100 周年而制作的特别节目，一直延续着"在说话的时候，放进一点情感与良知，放进一点痛感"的叙事策略，① 与中国共产党同龄、已 95 岁并在新华社工作的瞿独伊用俄语唱国际歌，背后是她年少时与瞿秋白、杨之华的合照，引出她父亲瞿秋白唱着自己翻译的《国际歌》走上刑场，她饱含深情地问，儒雅书生和革命烈士，哪一个才是我的父亲？方志敏之女方敏之则指出，父亲把个人和家庭看得很小很小，把党的事业看得很崇高，点出"红色基因"这一主旨。类似的还有王孝和之女、焦裕禄的外孙。他们的讲述既是与亲缘关系上的父亲（祖父）对话，同时也代入代际关系，隐喻"一代代共产党人接续奋斗"。另一方面，从不同代际的共产党人身上，着重体现红色气质的历久弥新。除《国家相册中的红色气质》比较直白地点出这一点外，微电影《红色气质》的最后更具意味，让照片中还是小女孩的瞿独伊走出照片，在照片中穿越中国共产党人革命与奋斗的历史瞬间，落脚于"对于一个人 95 年很长，对于一个走在时代前列的政党，正值青春年

---

① 《从〈红色气质〉到〈国家相册〉：新华社领衔编辑陈小波讲述背后的故事》，载《中国记者》2016 年第 12 期。

华"。这一结尾隐喻着个人生命的有限和政党这一抽象意义上的集体概念的无限青春，是个体生命经历融入、展现、传承党的精神气质的历程。

以文字为载体的历史叙述以习得的语言形式和逻辑构成，总有言不尽意之处，图像则可以让我们更加生动地"想象"过去。[①]《国家相册》以微纪录片的样态，"用照片来说话"，使个人与国家关系、个体叙事与宏大历史深度契合，为构筑家国叙事，凝聚家国记忆，传承红色气质提供了值得探析的样本。

---

① ［英］彼得·伯克：《图像证史》，杨豫译，北京大学出版社 2018 年版，第 10 页。

结语: 关于过往的思想实验————

海登·怀特于 1988 年创造"影视史学"（historiography）一词，此后人文研究领域里出现了为不少学人认为可与此前的"语言学转向"相提并论的"视觉转向"，或者如米切尔所说的"图像转向"，即对图像的后语言学、后符号学式的再发现，将图像看作视觉性、机器、制度、话语、身体和比喻之间复杂的相互作用。①近年来网络新技术和新媒介平台的不断发展，给影像史学的生产及传播以极大的便利，图像和视觉影像已经全面渗透到我们所处的世界，渗透到我们的认知与生活中，在教学中广泛运用影像史料可谓水到渠成。正如有学者指出的："对视觉文化中的范式与转换进行梳理和叙述，归根结底，是为了建立起一种历史的眼光，让我们能够穿透当下的风景，看到眼前的现实逐步地构成和浮现的过程"，②教学在一定程度上就是一场使不可见变为可见的旅程。但不得不承认的是，中国近现代史教学中对影像史学的应用尽管取得了教学效果上的提升，但这一过程仍处在起步阶段，正是在

① ［美］W. J. T. 米切尔：《图像理论》，兰丽英译，重庆大学出版社 2021 年版，第 4、8 页。
② ［美］唐小兵：《流动的图像：当代中国视觉文化再解读》，复旦大学出版社 2019 年版，中文版序第 4 页。

这一意义上，我们同意娜塔丽·泽蒙·戴维斯在《电影中的奴隶：
再现历史真相的影像实验》一书中所提出的观点，影像应该被视
为"关于过往的思想实验"。①

一、影像的历史叙述如何可能：真实性、公众性与政治性

用影像资料学历史、教历史，乃至进行历史叙事，面临着一
个根本性的问题，即影像的历史叙述如何可能？在诸多因素中，
对真实性的偏爱显然成为影像历史叙述的起点，因之也是其应用
于历史教学的逻辑起点。由于近年来影像史学的研究，影像获得
了近乎文字书写历史的意义，就像区分虚构写作与非虚构写作一
样，影像史学的生产者与观众，也以是否再现历史的真实作为划
分标准对纪录片与故事片分别处理与评价。我们在本书中探讨的
影像作品包含了电影、电视剧、系列纪录片、微纪录片等不同形
式和类别，尽管它们都在不同程度上与文字书写的历史类似，都
对史料进行了浓缩、象征和阐释，但更值得抱以审慎态度的是，
正如娜塔丽·泽蒙·戴维斯所问及的，史学著作会使用前言、参
考书目、注释，以及"也许""可能"和"我们不能确切知道"
等修饰和限定词来显示研究成果的真实性，那么，在生动的影像
作品中，有没有达到相似目的的对等的方法呢？②

另外，对于《让子弹飞》《太阳照常升起》等历史寓言性的影
像表达，又能否因其没有真实的历史时刻或历史原型而否定其真

---

① ［美］娜塔丽·泽蒙·戴维斯：《电影中的奴隶：再现历史真相的影像实验》，姜
进译，上海教育出版社 2022 年版，第 21 页。
② ［美］娜塔丽·泽蒙·戴维斯：《电影中的奴隶：再现历史真相的影像实验》，姜
进译，上海教育出版社 2022 年版，第 161 页。

实性？就真实性而言，传统意义上的历史学者，几乎从未对影像书写历史满意，因为电影本身不可能是对过去生活经验和社会样态的简单反映，而是一种重构。但不可否认的是，以文字为载体的传统历史著作也不能完全排除作者的主观建构。

尽管真实性问题饱受专业历史学者的质疑，但影像写史作品相较于文字书写的历史能更为直接地抵达大众视野，这些作品在很大程度上为非专业人士打开了一扇望向过往之窗，并能进一步引起观众的思考、纪念乃至行动，《觉醒年代》的外溢效果就是一个很好的例子。影像的公众性还在于，尽管影像与文字叙述的历史就其生产者而言，都可以在保有鲜明个人风格的同时调用大量来自他人的资源和劳动，但在创作与解读的公众性上，影像写史往往更胜一筹。"于电影来说，研究、诠释、交流的过程是极度分散的，即便制作过程和后期剪辑中都有导演的印记。研究或特定种类的调查是由编剧、设计师、服装和道具专家、实景地选择者、选角导演、演员、作曲家和编曲师以及导演等许多人共同完成的。……如此集体性的创作与史学写作形成鲜明对比，后者的参与者最多不过数位合著者、学生助理、一位编辑和一位文案编辑、一位版式设计师而已。"① 因此，电影写史的公众性造就了一些机缘巧合乃至阴差阳错而出现的神来之笔。

关于近现代中国历史的影像书写，还要充分考虑其生产机制带来的政治性。正如唐小兵在研究"社会主义视觉文化"时特别指出的，"这种视觉文化的生产，是由新的社会主义国家来协调组织的"，其主要任务之一"是创造一个积极向上、正面的视觉环

---

① ［美］娜塔丽·泽蒙·戴维斯：《电影中的奴隶：再现历史真相的影像实验》，姜进译，上海教育出版社 2022 年版，第 19 - 20 页。

境，以支持社会主义革命"。① 尽管本书所探讨的作品多数并非产生于社会主义革命时期，但其生产机制仍带有某些革命年代的痕迹和惯性。《船政学堂》《长征》《国家相册》等纪录片无不是在官方媒介平台的推动下，依靠组织力量谋划选题并调集资源得以拍摄；《觉醒年代》《建国大业》也都明显带有宣传功能，并以为党庆生、为祖国母亲庆生相召。

本书并未更多援引图像理论，对影像史学的教学应用也并未深入文字与影像的复杂关系中进行更多理论探讨，我们对真实性的偏爱和审慎、对影像写史的公众性的思考以及对中国近现代历史书写的政治性的分析构成了贯穿本书的基本态度。

二、影像的历史叙述如何观看：重叠交错的语境

20 世纪 30 年代，年鉴学派奠基人马克·布洛赫和吕西安·费弗尔就曾宣誓，"理解，不要评判"。娜塔丽·泽蒙·戴维斯则提出，"可以评判，但必须首先要理解"。② 理解的前题，在于理解历史语境与我们所处时代语境的重叠交错。

影像写史比文字写史更能表现历史环境、复杂的群体冲突和情绪等，但在"一切历史都是当代史"这一点上，文字写史与影像写史是共通的，尽管用影像重构历史，受到剧作者、导演、演员以及其他参与者等更多因素影响而显得更为复杂。因此，我们观看影像历史时，充分关注了历史影像产生的时代背景及其给影像生产者留下的烙印。比如本书探讨的《林则徐》（1959）和《建

---

① ［美］唐小兵：《流动的图像：当代中国视觉文化再解读》，复旦大学出版社 2019 年版，第 15 页。

② ［美］娜塔丽·泽蒙·戴维斯：《电影中的奴隶：再现历史真相的影像实验》，姜进译，上海教育出版社 2022 年版，第 18－19 页。

国大业》（2009）均为国庆献礼之作，均体现了近代以来中国人民的抗争与探索，但电影主创人员的组织方式和电影运作模式显然分别具有了革命年代的组织化和后革命年代的娱乐化的不同风貌，这也直接影响了影片的叙事逻辑。而《建国大业》（2009）和《觉醒年代》（2021），从通过明星聚集的狂欢吸引观众，到通过历史叙事获得情感共鸣引发观众更深层次的思考，则体现了从"主旋律"到"新主流"的不同呈现方式。从林则徐、孙中山的历史形象的影像塑造，则更可以看出在涉及近代中国历史人物时，影像表达往往趋于纪实品格和庄严气质，而《觉醒年代》中的陈独秀、李大钊、鲁迅等形象，试图通过展示日常生活使其更具亲和性。

用影像再现及重构历史，我们在观看过去，同时也是过去的创作者对于过去的观感，而我们的审视又带着我们所处时代的关切与困惑，这构成了三重时空的交叠。因而，在观看影像历史的同时，还需要自我审视。这部分，还存有极大的空间可供探讨。影像史学的观看不仅意味着跨学科带来的多元性，"而且也把我们进行研究时所处的不同语境，作为一个相互关联的整体来考察"。[①]比如《建国大业》在 2009 年确立"民主协商"作为新生国家的主题，不仅体现着 21 世纪初对于政治生活的关切，更能够使观看者思考在当下语境下关于政党制度和协商民主的理论言说。比如《国家相册》作为新兴的微纪录片，因其带有政论片的色彩，在叙事结构上更强调点、线、面的立体化构思，历史时刻或地点成为起点、以每一集的主题为线索、落脚点在于当下的政策，这就不仅与我们所处的时代背景相关联，更与我们的生活产生勾连。

重叠交错的语境，意味着作为观看者的我们，不是简单的贡

---

① ［美］唐小兵：《流动的图像：当代中国视觉文化再解读》，复旦大学出版社 2019 年版，引言第 9 页。

献票房和收视率的消费者，而是作为观察者和参与者，介入有关影像写史的叙事、话题与效应。

三、历史影像的解读与表达如何可行：关于过往的思想实验

强调用电影学历史、教历史的讨论，特别强调如何在中学教育中用电影来锻炼学生的历史思维能力（叙事、神入、理解、思辨、认识过去）。① 因此，在教学应用中，我们希望学生能够以自己的方式进行历史影像的解读，并在可能的条件下进行影像的历史表达。

处于当下的我们赖以理解并进行影像的历史表达的，往往是我们的日常生活经验。这是基于人的共通经验理解过去的必然，也是能够跨越时空产生共鸣的基础。然而，对于历史学者而言，"历史电影应该让过往还是过往。……可以尽可能遵循史料的原则，在缺乏细节的情况下则应遵循史料的精神。企图抹去历史中粗粝和奇怪的地方，按照我们熟悉的现在的样子打磨过往的棱角并重塑它们，只会使我们更难以构想对未来的美好愿景。"② 因此，影像史学的分析需要思辨，在日常生活经验之上，考量构成历史事件的各方力量的总体互动和推动历史进程的各种因素的复杂纠缠。比如《辛亥革命》中革命党人、清王朝的皇族、袁世凯等不同势力的折冲樽俎，不同时代的各不同主体构成《长征》叙述，《二十二》对特殊群体的不同视角的记录，尽管我们在教学中积极引导学生对影像重构的历史保持思考，但仍较多依赖文字与图像

---

① 蒋竹山：《看电影，学历史》，上海人民出版社 2020 年版，第 8—9 页。

② ［美］娜塔丽·泽蒙·戴维斯：《电影中的奴隶：再现历史真相的影像实验》，姜进译，上海教育出版社 2022 年版，第 167 页。

的互证，还有更深刻的探索空间。

对于成长于视觉媒介崛起环境下的人来说，影像史学应用于历史教学从未离开小学、初中、高中乃至大学课堂。那么，在大学阶段，影像史学的教学意义就不仅在于获取知识、获得精神生活上的收获，更重要的是构筑基于图片、动态影像的新的表达方式。比如《觉醒年代》产生的表情包、周边文创产品的热卖等都可以看作学生在新的媒介环境下对影像再现历史的创造性运用。近年来，人工智能的高速发展进一步变革了影像生产方式，为影像重构历史提供了新的可能性。面对这一汹涌而来的变革和学生的新的期待，我们可能还有更多值得思考的问题。

本书作为大学历史教学中影像史学应用的尝试，还停留在较浅的层面。运用影像史学以提升教学效果，也必然还有很大的努力空间。我们以此抛砖引玉，期望大众在视觉媒介无孔不入的时代，对于影像再现的历史、影像重构的历史和影像记录的历史，能涌现更多的观察、思考、选择与表达。

附录：影像史学视角下中国共产党隐蔽战线
　　　　　纪录片《潜伏十四年》分析————

历史题材的影像一直都是我国 21 世纪影像制作的热点，这种繁荣的影像实践催生了大量历史题材的纪录片，如《百年中国》《大国崛起》等，而这类历史纪录片大多都是"直接电影"和"真理电影"相结合的产物。在这种层出不穷的历史纪录片创作背后，学者关于影像史学的研究也在试图采用跨学科视角，架起史学界与影视界的理论和实践的桥梁。本文从影像史学的角度出发，对中国共产党隐蔽战线纪录片《潜伏十四年》进行分析，管窥此类历史纪录片如何在承担政治使命和回应大众审美需求之间寻找平衡。

一、研究背景及目的

（一）文献综述

影像史学的概念出自美国历史学家海登·怀特《书写史学与影像史学》，在他看来，影像史学就是一门解释和阐述以视觉影像与电影话语的结合展现历史的学科①，这里的历史既包含过去的客观事实，又包含人类对于历史的主观阐释以及两者结合而成的通

---

① 孙莉：《纪录影像与历史再现：史态纪录片研究》，陕西师范大学出版总社有限公司 2014 年版，第 10 页。

俗意义的历史。

本文所要分析的纪录片《潜伏十四年》，从主题上属于中国共产党隐蔽战线纪录片。隐蔽战线是指中国共产党在反动阶级统治的地区进行的秘密斗争。由于种种限制，我国的隐蔽战线文献大多集中于期刊故事方面，关于隐蔽战线的学术研究文献较少，国内隐蔽战线纪录片相对其他主题的历史纪录片也较少。加之影像史学的研究在中国处于起步阶段，所以从影像史学视角分析和研究中国共产党隐蔽战线纪录片的文献则是少之又少。正因如此，相关研究亟待加强，笔者基于历史纪录片的跨学科特性，采用扎根理论①，从影像史学视角对《潜伏十四年》进行分析。

（二）写作目的

影像介入历史，通过影视表现手段选择、组织和运用相关材料，开展对某一历史命题的研究，并因此成为该段历史的见证者。而这一见证不可避免地带有倾向性立场，这种倾向性立场的视角来自当下，所以影像在见证一段历史时，也见证了自己成为历史的一部分的过程。② 可以说，这是一种互相选择的结果，影像选择了历史进行阐释，而历史也选择了相关参与者、旁观者和批评者的影像书写③。在影像史学的思考维度下，我们可以通过对《潜伏十四年》的分析认识到该片是如何重建和演绎这段中共地下党史，以及这一重建与演绎的美学意义和实际价值。

（三）《潜伏十四年》介绍

《潜伏十四年》是由中央新闻纪录电影制片厂和南京电视台联

---

① 扎根理论指没有前提理论，从实际观察入手进行分析和概括。

② 肖平：《纪录片历史影像的制作基础及实践理论》，中国广播电视出版社 2005 年版，第 15 – 17 页。

③ 陶涛：《影像书写历史：纪录片参与的历史写作》，中国电影出版社 2015 年版，第 3 页。

合摄制的历史纪录片，同时也是建党 95 周年的献礼。该片主要介绍了女速记员沈安娜在国民党长期潜伏，经历重重考验，最终成功打入国民党内部，为党获取重要情报的故事。从该片的叙事以及主创团队来看，这无疑是一部反映中国共产党隐蔽战线的纪录片，这也就意味着这部纪录片承担着政治宣传的历史使命，同时该片也在试图寻找某种真实，以求能够回应革命历史、满足大众的审美需求以及探索历史纪录片发展的可能性。

二、美学分析

正如上文所提到的，历史纪录片大多是"直接电影"和"真理电影"相结合的产物。

"直接电影"以展示为主，通过"客观、零度与退隐的影像视角"① 无限接近并努力还原历史的第一现场（时间与空间），但这一观念存在两个悬而未决的问题，一是影像视角包含了创作者的主观认识，二是材料对象不得不由影像所制作。基于此，"真理电影"应运而生，它重视影像的强势介入，并倡导创作者积极与材料对象互动，在互动中拼接历史。而在实践中，正如福柯所说："历史学具有两张面孔，一张科学的，一张艺术的"，历史纪录片根本无法避免客观事实与主观叙述的碰撞，二者既对立又统一。所以基于视角和史料的不同选取，针对唯一的"历史"可以有多种不同的历史阐述，有学者认为"在特定前提下历史真实只会有一种最佳解释与表述"②，同时，也有学者认为"历史纪录片的关

① 肖平：《纪录片历史影像的制作基础及实践理论》，中国广播电视出版社 2005 年版，第 32 页。
② 陶涛：《影像书写历史：纪录片参与的历史写作》，中国电影出版社 2015 年版，第 35 页。

键在于对影像制作前提和条件的设定"①。在本文中，笔者并不试图讨论《潜伏十四年》是否是对如沈安娜一般的隐蔽战线党员的革命斗争的最佳阐释，而是试图通过分析该片阐述历史的美学手法，从中管窥党的隐蔽战线纪录片的美学意义和实际价值。

（一）表现领域

历史影像的表现离不开人和事，《潜伏十四年》是以中共地下党员沈安娜为主要叙述对象，所以该片在创作过程中将人物传记与文献纪录充分结合，从个人出发，展现中国的革命和解放史以及当时时代与社会的缩影。

1. 人物传记

该片是一部人物传记片。在处理人物与历史关系上注重挖掘和重现历史细节，建立严谨的影像人物叙事。

一方面着重展示沈安娜成长为一名优秀的中共隐蔽战线党员，如在第 1 集《庄严使命》开头的声画展示。

画　面	声　音
模拟场景：黑白画面，中景，沈安娜认真严肃地进行速记	解说词：与会的国民党要员们不曾料想，这位女速记员还有另外一个身份，中共秘密情报员，她在国民党的权力中心潜伏了 14 年
视频资料：蒋介石讲话	解说词：其中在蒋介石身边就有 11 年之久，一直参加国民党中央党政军重要会议

---

① 肖平：《纪录片历史影像的制作基础及实践理论》，中国广播电视出版社 2005 年版，第 36 页。

续表

画　面	声　音
模拟场景：黑白画面，近景，沈安娜将情报藏在茶叶罐子里	解说词：源源不断地为中共党组织提供了众多极有价值的情报，从未暴露

　　另一方面，注意展示沈安娜作为个体的生活经验和人物形象，包括职员、妻子、母亲、妹妹等多种身份，如以下声画展示。

画　面	声　音
模拟场景：民国时期浙江省政府，远景，镜头记录了沈安娜干练的工作背影，早晨，她背着小挎包走进浙江省政府，开始一天的工作	解说词：1935 年 1 月正式进入国民党浙江省政府秘书处议事科担任速记员
模拟场景：黑白画面，江南小楼的下雨天	解说词：在战时乱世，夫妻重逢格外悲喜交加
模拟场景：江水浩浩荡荡，载着沈安娜夫妇的轮船驶向远方	解说词：在颠沛流离的过程中，他们与家人渐行渐远
历史资料：沈安娜口述传记实拍	解说词：她（沈安娜的姐姐沈伊娜）犹如中华大地上一朵不起眼的小花，一株无名的小草

　　这样的表现手法，将"历史中的人"与"生活中的人"贴合在一起，通过影像为观众提供了可以近距离接触的人物：伟大而又平凡的人物，既减少了观众对于相距甚远的时空的接受障碍，又可以迅速带领观众进入历史的现场，接受历史的阐述。

　　2. 文献纪录

　　该片是一部文献纪录片，通过对文献资料（图片、文字、视频资料等）进行有意义的整合从而展开事件的叙述，既发挥各种文献的史料价值，又尽力符合观众的审美习惯，如以下声画展示。

画　　面	声　　音
图片资料：黑白画面，特写，刊登马列主义相关文章的报纸以及旧版的《共产党宣言》	引沈安娜自述中的话：我们当时都是 20 岁左右的青年，对真正的马列主义了解不深，但是也看了一些进步书本，其中就有一本没有封面的共产党宣言

在介绍沈安娜接受马克思列宁主义思想熏陶时，该片将印有马列主义的报刊资料与沈安娜自述《丹心素裹 中共情报员沈安娜口述实录》的文字语言相结合，再现沈安娜心路历程的同时，又创造了以影像为媒介的文献资料，将艺术表现、信息传播与历史记录融为一体。

出于影像表现需要，该片将文献资料与历史遗迹相结合；为了摆脱文献表达的局限性，辅以"代言性叙述"，即解说词，以求达到对事件脉络的简练概括和对历史经过的形象阐述，如以下声画展示。

画　　面	声　　音
实景拍摄：江苏南京第二历史档案馆（从远景到中景到特写）。 图片资料：蒋介石开会，沈安娜在旁速记	解说词：在中国第二历史档案馆的图册上，有这样一张泛黄的老照片，照片里蒋介石慷慨陈词，一名女工作人员正埋头速记，一直参加国民党中央党政军重要会议，从未暴露

画　面	声　音
图片资料：华明之本人正面照	解说词：华明之，原名华家骊，家中长子，1913 年出生于上海
图片资料：无锡古建筑	解说词：祖籍江苏无锡档口
图片资料：华明之入学照	解说词：初中毕业后，华明之考入南阳商业高级中学

3. 人物传记与文献纪录结合

在《潜伏十四年》中，笔者明显感受到其中人物传记与文献印证二者相辅相成——以沈安娜的生平传记为主线，以文献材料为实证，将平面的文字历史创造性转化成立体的影像。观众借此走入一段波澜壮阔的历史，旁观那时的人是如何通过革命解放自己和发展自己的。

不可否认，在科学的态度和艺术的手段的融合处理下，这种历史材料的关联与编写，使叙事上的小说体、人物上的先进性、语言用词的崇高化以及相关文献实质都经过了"刻意"的筛选和抽离，沈安娜在这部革命纪录片中表现出的形象，总体上贴近地下党员的一心向党、无私忘我的革命形象，这其实是通过"生命理性"隐喻国家意识[①]——当宏大的叙事与受众的距离越来越远时，通过小人物的生命历程来透视"国家"这个抽象主体的沉浮则被普遍运用到影像作品的制作中。

4. 弹幕与解读

弹幕是一种在网络视频上进行即时评论的功能，在拍摄本片时，弹幕文化尚未在中国有一席之地。但近年来，弹幕在各大视

---

① 孙莉：《纪录影像与历史再现：史态纪录片研究》，陕西师范大学出版总社有限公司 2014 年版，第 98 页。

频网站迅速崛起，形成一派"人声鼎沸"的热闹景象。[①] 诚然，纪录片表达了历史的声音，但同时，和视频语境同一时间出现的还有观者通过"短平快"的弹幕发出的自己的声音。作为一批有着较强自我意识的观众，他们拥有对内容的选择权和解释权，通过弹幕将高高在上的纪录片拉下神坛，构建自我理解、自我补充的精神高地。尼尔·波兹曼在《娱乐至死》一书中提出了"媒介即隐喻"理论，媒介"隐蔽而有力"地意指世界。在本片的阅览中，笔者确实深有体会。在某些极能激发情感的片段中，弹幕上划过的一句评述会使笔者迅速产生共鸣，在某些背景阐述较模糊的片段，弹幕上的知识性补充会使笔者有恍然大悟之感。而在这一过程中，也激发了笔者强烈的互动欲望，笔者也试图通过弹幕表达情感，传达理解。其实，这就是弹幕为观众赋能的表现。它解构了权威话语，打造了观众彼此互动的空间，建构了纪录片叙事与个体叙事的新场域，进而丰富了纪录片内容，填充了历史细节。其实，该片并不是弹幕和纪录片结合的先例，但是笔者想要表达的是，弹幕也是纪录片的一部分，它是一种年轻化、个人的表达。它为纪录片创作和传播注入了活力，无论是何种题材的纪录片，都可以试着纳入这种新潮文化，从而拓宽自身的表现领域、提升表现效果。

（二）叙事方式

目前，学界尚未有一致的叙事方式总结。有学者认为影像的叙事方式主要分为三种，分别是汇编性、口述以及历史再现与扮演。汇编指的是多个镜头与解说词的组合，同时也有学者认为汇编包括当事人的口述、实拍景观、文献资料（包括文字、图片、影像等）、历史再现与扮演等。[②] 前者的汇编是从结构方式出发，

---

① 笔者便是从带有弹幕功能的 B 站上发现的该纪录片。

② 肖平：《纪录片历史影像的制作基础及实践理论》，中国广播电视出版社 2005 年版，第 193 页。

而后者的汇编则是从材料构成出发。相较之下，笔者更认同后者的说法，因为在创作过程中，镜头承载了口述、历史扮演、文献资料等的组合，加之镜头与解说词的共置也是一种组合，所以从广义上来说，汇编是影像资料的整体剪辑与安排，它贯穿于纪录片的始终。在此，本文只对叙事方式中比较特殊的两类——口述和历史再现与扮演进行分析。

1. 口述

在文字没有发明之前，人类历史是通过口述传承的。后来，伴随着人类对历史的认知，承载着历史现场和个人认知的口述逐渐超越个人和家族回忆，进入公共领域，成为记录历史的材料。这种"私人的、地方的和非官方"的"过去的声音"在现代越来越凸显出它的价值。[1]

口述最大的一个特点是极具私人性，当事人从各自的视角出发对记忆进行描述和还原，由此影像得以拼接不同角度的认知，呈现一个多元的历史现场，最大可能还原历史的丰富维度。在处理口述信息时，创作者甚至能推演出一些未曾预料到的结论。

《潜伏十四年》的口述部分主要由以下几类构成：一是主要当事人沈安娜本人的口述；二是相关当事人的口述，如华明之[2]、华克放[3]、华庆新[4]、赵炜[5]、鲁克定[6]、秦摩亚[7]等；三是隐蔽战线

---

[1] 肖平：《纪录片历史影像的制作基础及实践理论》，中国广播电视出版社 2005 年版，第 193 页。
[2] 沈安娜之夫。
[3] 沈安娜之女。
[4] 沈安娜之子。
[5] 邓颖超的秘书，邓颖超曾多次对赵炜讲过自己与沈安娜的接触与交往。
[6] 鲁自诚之女。
[7] 博古之女。

和情报史的研究者，如曾经采访过沈安娜的历史学家叶孝慎、中共隐蔽战线史学家郝在今、台湾情报史研究专家王丰、红岩革命历史博物馆原馆长厉华等。在讲解词和历史文献等的串联下，纪录片借由口述将沈安娜这样一个胆大心细的中共地下党员刻画得十分生动。该片有如下一处特别经典的口述汇编镜头。

画　面	声　音
华克放口述	解说词：我去学习一年可以吗？周恩来同志说，小沈，你去一年，你去一天也不行，你去了延安以后就回不到中央党部了
沈安娜口述	解说词：他语重情长地跟我讲，他说，你呀，已经打入了敌人的核心了，收集到重要情报，你有速记专长，党需要你长期埋伏在岗位上，为党收集重要情报供党参考，这一件秘密工作是非常非常重要的。他说，你要从大局着想，以大局为重
赵炜口述	解说词：你别看小速记员不是官，邓大姐我说当时我跟她讲，不是官，但是她比官的作用要大，为什么？国民党高层的会议她都在听，她都在记，因此她给我们党的情报是及时的，是准确的，而且是很重要的
沈安娜口述	解说词：恩来同志接着又对我进行革命气节教育，他讲，你在别人营里，危险性很大，你要机警灵活，既要大胆又要谨慎，万一遇到突然事件，共产党员要有骨气，要临危不惧，从容在内，想尽一切办法来对付敌人，保护自己，长期地做好情报工作。邓颖超大姐也在旁边劝我，服从组织，要甘当无名英雄

　　一气呵成的四个口述长镜头，通过多叙述主体①（当事人和知情人）口述的融合，最大限度上还原了沈安娜是如何被上级党组织说服，继续留在国民党工作的历史现场，使得观众从听觉感知过渡到了视觉联想，最终主动接收到极具价值的现场信息。

　　当然，口述无可避免地会受到媒介的干预。由于镜头与现场的紧密联系，受访者被拍摄的心理压力以及采访者与之进行的互动（人为引导、脚本干预等）②，口述中往往夹杂了或机械或做作的"伪口述"，有学者称其为"泡沫口述"③，如华克放和鲁克定在某些片段叙述中有着明显的矫饰修辞和朗诵痕迹，与影片中其他受访者自然的叙述形成对比，让人不禁跳戏。这种现象说明了口述记录者的不专业，而这种口述原则的随意也与我国的口述实践发展历程有关，在此不多赘述。

　　2. 历史再现与扮演

　　过去影像通常只被当作文献资料的一种，对于影像的阐释大多是由掌握历史书写权力的历史学家完成的。但是历史再现与扮演却赋予了影视制作者写史的权力，④ 这里的写史不是杜撰一个新的历史场景，而是根据原有细节进行视觉创新，探索历史表达的新形式。从心理学意义上来讲，视觉对人的感官刺激远大于单一的文字，这种再现与扮演未尝不是唤醒观众历史意识的创新尝试。如以下声画展示。

---

① 孙莉：《纪录影像与历史再现：史态纪录片研究》，陕西师范大学出版总社有限公司 2014 年版，第 104 页。
② 陶涛：《影像书写历史：纪录片参与的历史写作》，中国电影出版社 2015 年版，第 54 页。
③ 谢勤亮：《影像如何记忆——年鉴学派视野下的中国纪录片》，社会科学文献出版社 2012 年版，第 147 页。
④ 孙莉：《纪录影像与历史再现：史态纪录片研究》，陕西师范大学出版总社有限公司 2014 年版，第 104 页。

画　面	声　音
模拟场景：舒曰信在为沈安娜做思想动员，姐姐沈伊娜眼神中透露出些许担心，但沈安娜神情淡然，腰板挺直。姐妹两人的手紧紧握在一起，画面下方出现了两姐妹的剪影，字幕为两人的新名字	解说词：在这次改变沈安娜命运的聚会上，舒曰信给他们姐妹起了苏联姑娘的名字，以寓意人生新起点。妹妹沈婉叫作安娜，姐姐沈珉叫作伊娜
模拟场景：姐姐伊娜送别妹妹安娜，安娜启程前朝姐姐挥挥手，并露出了充满朝气和期待的笑容	解说词：就这样，刚刚过完 19 岁生日的沈安娜，带着绝密使命前往杭州报道
模拟场景：民国时期浙江省政府，远景，镜头记录了沈安娜干练的工作背影，早晨，她背着小挎包走进浙江省政府，开始一天的工作	解说词：1935 年 1 月正式进入国民党浙江省政府秘书处议事科担任速记员

　　这种历史情景的再现增强了现实感，实现了历史与现实的契合，通过演员的沉浸式表演，全景展现了沈安娜的生命节点和高光时刻，也让纪录片焕发出生机与活力。

　　有学者认为，这种新的视听语言形式突破了语言的定性和文字的霸权，展现了一种平等的叙事姿态，有利于激发观众对历史的探讨。[①] 笔者认为，不可否认，历史重现与扮演在一定意义上可以为观众提供与历史平等对话的机会，但是这种机会的前提是呈现这种扮演的纪录片采取的是开放多元的视角。正如前文中所提及的，《潜伏十四年》这部纪录片是国家主导的带有政治宣传使命的纪录片，即该片预设前提是一元视角，所以在该片中观众仍是被动接收这一新形式的视听语言所传达的信息。

---

① 孙莉：《纪录影像与历史再现：史态纪录片研究》，陕西师范大学出版总社有限公司 2014 年版，第 50 页。

（三）影像书写历史与文字书写历史对比

在经历了从口述到书写的飞跃后，文字成为人类书写历史的重要媒介。文字书写超越了时间和空间的限制，为历史记录、记忆和交流提供了新形式。至此，文字书写历史成为历史文献的重要组成部分。

第一次工业革命末期，影像开始登上历史舞台，记录过去的和正在发生的事件，并精确留存下历史现场，成为历史文献的又一重要组成部分。

1. 相同之处

在某种意义上，历史是一种叙事。在叙事核心的基础上，文字书写历史和影像书写历史不约而同地选择了具有感染力的叙述形式①，或者说，影像书写历史继承了文字书写历史的叙述形式。比如在写史过程中，二者常采用第三人称视角或者上帝视角展开历史情节，从而以一种冷静客观的姿态为读者或者观众提供相对客观的信息。再如二者都会采用比喻（明喻、借喻、暗喻）的方式进行叙述，有些不必点明的、难以言说的或者尚未有定论的历史，在比喻这种叙述形式下，会呈现复杂而有趣的历史解读，总之，二者均通过讲故事实现历史叙事的现实价值。

纪录片《潜伏十四年》和《红岩档案解密》中"按住蒋介石脉搏的人"均通过第三人称视角对沈安娜的情报员身份进行画面描写，在这一维度上，笔者认为这两种不同的形式都发挥出较好的叙述作用。

纪录片通过以下视听语言展现。

---

① 陶涛：《影像书写历史：纪录片参与的历史写作》，中国电影出版社 2015 年版，第 220 页。

画　面	声　音
模拟场景：黑白画面，中景，沈安娜认真严肃地进行速记	解说词：与会的国民党要员们不曾料想，这位女速记员还有另外一个身份，中共秘密情报员，她在国民党的权力中心潜伏了 14 年

　　《按住蒋介石脉搏的人》一文中，则用文字语言对沈安娜埋头速记的场景进行描述："主席台后排右侧……一男一女两位速记员，正埋头将蒋介石的话变成一个个速记符号。……年轻女速记员正是由中共中央南方局直接领导的人……——沈安娜。"①

　　2. 不同之处

　　与文字书写相比，影像通过历史图片、视频、口述者、解说词的共同汇编充分展现了制作者对于历史的重构和解释的过程。

三、信息传达

　　在信息传达上，影像的表现力略胜于文字书写。影像能够第一时间给观众留下深刻印象，文字书写则往往要耗费较多笔墨才能完成。如以下声画展示。

画　面	声　音
模拟场景：沈家姐妹拎着年货，到老师家拜年；华明之和舒曰信在大堂中激情昂扬地谈论事情，四人在同一桌上落座，品茗交流	1934 年春节，沈家姐妹在给老师拜年的时候，意外遇到了沈安娜在南阳的两位校友，比他高一届的华明之和已毕业的舒曰信

---

① 厉华主编：《红岩档案解密》，中国青年出版社 2008 年版，第 207 页。

续表

画　面	声　音
图片资料：黑白画面，特写，刊登马列主义相关文章的报纸以及旧版的《共产党宣言》	引沈安娜自述中的话：我们当时都是 20 岁左右的青年，对真正的马列主义了解不深，但是也看了一些进步书本，其中就有一本没有封面的共产党宣言
视频资料：沈安娜、华明之共同接受采访，华明之在讲话，镜头逐渐向沈安娜推进，从中景一直到特写	虽然是破旧得很了，但是我们中心思想还是领会着的。那就是说我们今后有一个美好的共产主义社会，我们一定要通过坚决斗争来争取这样的一个美好社会

在这段片段中，不到一分钟的影像与 210 字的解说词让观众接收到沈安娜思想逐渐转变这一信息，而在沈安娜的口述传记《丹心素裹 中共情报员沈安娜口述实录》中，这段故事内容的表达从"在恩师家的邂逅"① 到"一锤定音 改变人生轨迹"② 共用了15 页，约 10350 字。

二者在信息传达的操作上之所以有如此明显的对比，是因为影像与文字的天然差异——影像的视听语言涵盖了从人物、光影、道具等一切可以通过视听系统感知的东西，即影像具有极大的信息包容度和传输特性；而文字只能通过句段来传达信息，同时为了保障语意的流畅，不得不在介绍相关人物和情节时进行大量的

---

① 沈安娜口述，李忠效、华克放整理：《丹心素裹：中共情报员沈安娜口述实录》，中共党史出版社 2016 年版，第 26 页。
② 沈安娜口述，李忠效、华克放整理：《丹心素裹：中共情报员沈安娜口述实录》，中共党史出版社 2016 年版，第 40 页。

前提描述。

但笔者也发现，影像通过汇编表达意义，对于历史纪录片来说，要想保证影像具有一定的可看性，不得不牺牲一定的信息完整度。在《丹心素裹 中共情报员沈安娜口述实录》中，凡是涉及她的直接领导人，沈安娜都予以详细介绍，但是在纪录片中，这个部分则被人物的肖像和字幕（介绍名字和主要职位）简单带过。由此笔者认为，在历史叙事的信息传达中，影像的表现手段形式丰富，观众的信息接收也更加容易，文字的表达相对烦琐，但也因此而更完整。

四、声音表现

在纪录片中，有一个文字无法实现但是却不容忽视的因素：声音，包括配音解说、同期声、背景音乐等。

在这里，仅举《潜伏十四年》中比较出彩的几例。

同期声（1）：

画　面	声　音
模拟场景：沈安娜向周恩来发出请求，表示想去延安学习一年，伴随着"一"的话音，是演员竖起了食指，用动作表达"一"。 　口述视频：华克放	华克放口述声音：我去学习一年可以吗？周恩来同志说，小沈，你去一年，你去一天也不行，你去了延安以后就回不到中央党部了

沈安娜想去延安学习"一"年与她动作"一"的配合，非常流畅自然，卡点的表演把沈安娜迫切想去延安参加革命的想法表现得淋漓尽致，观众也感受到了较大的冲击感。虽然这种效果在

笔者的语言表述下略显苍白，但这恰好侧面印证了声音的不可替代性。

同期声（2）：

画 面	声 音
历史资料：晃动的镜头，浙江省全景。 特写：《申报》刊登的有关国民党处置共产党的报道	讲解词：从此沈安娜开始了她虎穴之中惊心动魄的情报生涯。几乎就在沈安娜深入虎穴的同一时间，申报刊登了上海中共特科行动队队长邝慧安等4人被判绞刑的消息。这是国民党第一次公开使用如此残酷的刑罚。 同期声：汽车突然刹车的声音

汽车突然刹车的声音烘托了紧张的视听氛围，暗示了沈安娜之后将会面临的危险处境。纪录片中同期声用得好，往往可以为之后的情节开展做铺垫，达到视听融合的艺术效果。

由此可见，影像历史的表意作用是无法被书面历史所替代的。从文字阅读转换为影像阅读，观众得以通过观看直观的影像重温历史。由于影像有着文本无法替代的逼真性和运动性，这在一定程度上赋予了由影像承载的历史的视听可接近性，或许观众能从其中发现一个理解历史的崭新维度。同时因为影像的非物质性①，这种表现形式又可以脱离现实，成为一种表意符号、一段历史。影像历史和书面历史以相同的叙事形式和不同的表现方式书写着历史，而在书写过程中，二者本身也构成了社会历史的一部分。

---

① 陶涛：《影像书写历史：纪录片参与的历史写作》，中国电影出版社2015年版，第4页。

五、现实价值

(一) 价值突破：女性的发现

中国的历史纪录片深受时代发展的影响，在半殖民地半封建的时代背景下，历史纪录片高度集中于政治、军事领域①；在新中国成立到改革开放前夕，历史纪录片则主要是政论片和文化专题片②，二者都没有脱离宏大的叙事风格。20世纪90年代，"屏幕上的革命"逐渐开展，历史纪录片开始从"自上而下"的宣传转向"自下而上"的探索，关注普通人的命运和沉默的大多数。在这一维度，个体往往可以从影像中寻找熟悉的生活经验和代表其利益的发声。改革开放后，各大影像制作机构都在进行着个体或弱势群体的纪录片探索，而《潜伏十四年》是一部少有的以女性为主体的历史纪录片。

很长时间以来，女性研究在本质上仍未摆脱男性凝视的领域，所以她们在文献记载中要么呈现出男性视角下的"他者"形象，要么是长久的失声状态。而该片却从"窗子以内"③书写了一个有着自我话语空间的女英雄，虽然这种女英雄是由男性凝视产生的。④

该片有大量沈安娜本人的口述资料，这无疑是一次"主体"的发声，以实现一位鲜活的个体，一位平凡而又伟大的女性对于历史的阐述。同时，镜头语言对沈安娜及华克放在讲述母亲沈安

① 谢勤亮：《影像如何记忆——年鉴学派视野下的中国纪录片》，社会科学文献出版社2012年版，第9页。
② 谢勤亮：《影像如何记忆——年鉴学派视野下的中国纪录片》，社会科学文献出版社2012年版，第10–14页。
③ 林徽因在《窗子以外》中，以窗子代表人与外界的隔膜，这里的"窗子以内"指的是主体的自我。
④ 王政：《性别与视觉：百年中国影像研究》，复旦大学出版社2016年版，第3页。

娜经历时的仰角特写也可以调动观众对沈安娜的崇敬感，为观众展现一位充满高尚的理想情操和爱国主义的女性形象。

画　　面	声　　音
模拟场景：舒曰信与沈伊娜和沈安娜热情交流，舒曰信坐在较低的凳子上，以仰望的视角与坐在高凳子上的沈依娜和沈安娜交流	讲解词：四人的相识彻底改变了沈安娜姐妹的命运

不仅如此，该片还从场景中还原沈安娜的生活细节。比如她喜欢吃豆腐干和花生，比如她怀孕八个月仍然每天上班，孩子尚未满月就回到了工作岗位，比如她因承受巨大的心理压力而失眠等。个人的爱好、情绪以及经历都被无限接近地还原，这种细腻的表达手段甚至并不试图从个体的角度审视国家和民族的历史，而只是对一个个体的复原，而这正是一种人类学视角的尊重，"像朋友和亲人一样关心着纪录片对象"[①]。

（二）价值反思

1. 一元视角

《潜伏十四年》仍然是一部主流叙事的历史纪录片，虽然它提供了个体解读历史的视角，但是无论是从整体的发展脉络，即沈安娜的个人命运与中国近代的革命和解放史的密切关系，还是从个体的生活经验，即沈安娜与华明之的结合——如茅盾所言的"革命产生了恋爱"[②]，整体而言仍处于一元视角的宏大叙事。

[①] 谢勤亮：《影像如何记忆——年鉴学派视野下的中国纪录片》，社会科学文献出版社 2012 年版，第 17 页。

[②] 茅盾：《"革命"与"恋爱"的公式》，转引自王政：《性别与视觉：百年中国影像研究》，复旦大学出版社 2016 年版，第 197 页。

不仅如此，为了建立一个能够清楚阐释历史的逻辑，镜头往往会与文字的解说相对应。该片虽然是从多种视角展开叙述，但是在经过系统性的汇编与整理后，最终还是指向了带有意识形态意义的解读，并把沈安娜塑造成了"个人偶像"。

2. 对女性的凝视

虽然该片的视角大多都是平视色彩，但是笔者也从其中发现了几处仍须进一步探讨的地方。在提到邓颖超同志时，解说词为"中共高层领导人周恩来的夫人"，这指称明显具有从属意义，而在介绍其他人物时无一例外以职位相称。与之对应，在《中共党史人物传 第85卷》介绍沈安娜一文中，提到邓颖超同志时表述为"（时任）长江局妇女运动委员会副书记邓颖超"[①]。笔者认为，即便影像考虑到观众熟悉度的问题，也要一视同仁，女同志和男同志的职位介绍也不应该有不同的衡量标准。这种下意识的"归属"带有深刻的历史因素，是需要加以反思的。不妨将邓颖超同志的职位和大家熟悉的身份并置，这样既尊重女性，也无须担心观众看不懂。

此外，在模拟场景中，穿插了几个沈安娜仰望华明之的静止镜头。虽然该片中保留了华克放对于父母关系的描述，"在我母亲的心里头，我父亲一直是主心骨"，但是在沈安娜进行地下党工作时，纪录片并没有表现出沈安娜对丈夫的依赖。所以，对于这几个镜头的设定，我们既无法排除口述造成的事实偏颇之可能，也无法判断这几个镜头是创作者的下意识之举还是参考相关人员口述的情景再现。总之，这些都是有待讨论的细节。无论如何，打

---

① 中国中共党史人物研究会编：《中共党史人物传》（第85卷），中央文献出版社2004年版，第340－400页。

破男性凝视的女性视角，是当今纪录片需要重点突破的领域。

六、总结

综上研述，在影像史学的视角下，《潜伏十四年》是对中国共产党隐蔽战线历史的见证，是综合了多重史料的时代解读，也是一部观众看完会有所感动、有所体悟的历史纪录片。它在展现创作者理解的历史，承担公共责任之同时，自身也成为了历史的一部分。总之，笔者认为，以影像记录历史记忆之时，我们既要秉持人文关怀，关注人的主体性，也要保持反思，不能以"无意的宽容"忽略某些细节。

（本课程作业作者为阎自仪）